1 MONTH OF FREE READING

at
www.ForgottenBooks.com

By purchasing this book you are eligible for one month membership to ForgottenBooks.com, giving you unlimited access to our entire collection of over 1,000,000 titles via our web site and mobile apps.

To claim your free month visit: www.forgottenbooks.com/free415693

* Offer is valid for 45 days from date of purchase. Terms and conditions apply.

ISBN 978-0-483-80543-9
PIBN 10415693

This book is a reproduction of an important historical work. Forgotten Books uses state-of-the-art technology to digitally reconstruct the work, preserving the original format whilst repairing imperfections present in the aged copy. In rare cases, an imperfection in the original, such as a blemish or missing page, may be replicated in our edition. We do, however, repair the vast majority of imperfections successfully; any imperfections that remain are intentionally left to preserve the state of such historical works.

Forgotten Books is a registered trademark of FB &c Ltd.
Copyright © 2018 FB &c Ltd.
FB &c Ltd, Dalton House, 60 Windsor Avenue, London, SW19 2RR.
Company number 08720141. Registered in England and Wales.

For support please visit www.forgottenbooks.com

República Peruana.

Prefecto y Comandante General nombrado de la Provincia Litoral de Loreto.

Moyobamba, Julio 30 de 1860.

Señor Ministro de Estado en el Despacho de Relaciones Exteriores.

S. M.

Tengo el honor de acompañar á US. cópias certificadas de algunos de los documentos mas importantes que, en estos últimos dias, se han encontrado en el archivo de la Sub-Prefectura de esta Provincia, al cargo de D. Agustin Matute, relativos á la cuestion límites con el Ecuador.

Estos documentos S. M., en mi humilde concepto, son por sí solos bastantes para probar hasta la evidencia el derecho perfecto que tiene el Perú á las Provincias de Mainas y Quijos, y convencerán, aun á los mas incrédulos que, en la pendiente cuestion límites, el Gobierno ha defendido con mucha justicia la integridad de la República.

No dudo que, mediante las investigaciones que se siguen haciendo en este voluminoso archivo, se encontrarán datos abundantes para acreditar la no interrumpida jurisdiccion que en ellas ha ejercido el Perú desde 1803, hasta la época en que el General Sucre, al entrar á Quito, nombró arbitrariamente á D. Antonio Lemus, Gobernador de Quijos.

Si al imponerse S. E., por el digno órgano de US., de estos preciosos datos que le suministro, juzga que verdaderamente encierran el valor que les atribuyo y llegan á tranzar de un modo favorable la desagradable cuestion con el Ecuador, quedarán colmados mis deseos y podré congratularme, con justa razon, de haber contribuido de este modo á su feliz y final arreglo.

Dios guarde á US.

S. M.

Carlos T. Stevenson.

República Peruana.

Sub-Prefectura de la Provincia de Maynas.

Moyobamba, Julio 28 *de* 1860.

Sr. Prefecto nombrado de esta Provincia Litoral.

Sr. Prefecto:

Poco mas de diez y ocho dias há, que leyendo US. los artículos del periódico " Comercio, " relativos á la cuestion Perú-Ecuador, le dije que al registrar el archivo de la Sub-prefectura en cuyo arreglo me hallaba, encontré un fragmento del viage de Mr. de La Condamine, por el Marañon, y la Real Cédula de 1819, cuyo contenido corrobora en todas sus partes las Reales Cédulas anteriores, relativas á límites entre el Perú y el Ecuador, la misma que tuve el honor de hacer ver á US.: y por el encargo especial que US. y el señor Cónsul Gastó me hicieron en ese dia, he encontrado algunos documentos, que en mi humilde concepto son de un interés tal, que con ellos se podrá satisfactoriamente ventilar una cuestion tan ruidosa, que tantos millones ha costado á la Nacion, y costaría muchos mas si dejasen de existir.

El limitado tiempo que ha trascurrido desde entónces, no

me ha permitido registrar sino cuarenta legajos, en los que he encontrado los documentos que constan en el índice adjunto á esta nota, en fojas 7 útiles; ofreciendo continuar minuciosamente la exploracion, tanto en esos legajos, como en el resto de tan voluminoso archivo.

Como tales documentos pueden ser necesarios actualmente en Lima, para poner al Supremo Gobierno al alcance del mas pequeño acontecimiento en el historial de los hechos, y sufririan una considerable demora, si esperase el tiempo indefinido en que el señor Prefecto Mesa regrese del interior y entregue á US. la Prefectura; siendo notorio que US. ha sido nombrado Prefecto de este litoral, quien me hizo tan laudable indicacion: no vacilo en dirijir á manos de US. el mencionado índice, honrándome elevarlo por tan digno conducto, al conocimiento del Supremo Gobierno, para que en vista de él resuelva lo que estime conveniente, puesto que los documentos que en él se indican, denotan muy claramente, la no interrumpida série de años que el Perú ha estado en posesion de los terrenos que con injusticia é ignominia intenta disputarle el Ecuador.

Si los documentos constantes en dicho índice, los crée el Supremo Gobierno y US. de tan vital importancia en la cuestion límites, me cabrá la gloriosa satisfaccion de haber atendido á las insinuaciones de US. y del señor Cónsul Gastó, haciendo un servicio remarcable á la patria, y cumpliendo con un deber sagrado como peruano y como funcionario político.

Con sentimientos de la mas alta consideracion y respeto, tengo la honra de suscribirme atento y seguro servidor de US. á quien
    Dios guarde.
        Sr. Prefecto

AGUSTIN MATUTE.

República Peruana.

Prefecto y Comandante General nombrado de la Provincia Litoral de Loreto.

Moyobamba, Julio 28 de 1860.

Señor Sub-prefecto de la Provincia.

Tengo la satisfaccion de acusar recibo de su muy estimable nota, fecha de hoy en la que se sirve U. comunicarme el feliz resultado que han producido las indicaciones que, con motivo de la lectura de los articulos publicados en el "Comercio", respecto á la cuestion límites con el Ecuador, el Señor Mayor Gastó y yo le hicimos, para que viese U. si en el archivo de su cargo existian algunos documentos relativos al asunto en cuestion.

No dudo pues, que los documentos que ha tenido U. la felicidad de encontrar, segun el índice que me acompaña, serán bastantes para acreditar, de una manera incontestable, los derechos que tiene el Perú á las Provincias de Mainas y Quijos, y la posesion de estas, no interrumpida desde 1803.

Como la cuestion límites que actualmente se ventila con

el Ecuador es, por su naturaleza, de la mas alta importancia, creo conveniente que me remita U. cópias certificadas de los documentos que, á su juicio, sean mas interesantes, para elevarlos al conocimiento del Supremo Gobierno con el referido índice.

Con este motivo me es muy grato manifestar á U. mis felicitaciones, porque, mediante la asiduidad con que ha trabajado buscando los documentos indicados, sus esfuerzos hayan sido coronados con el éxito mas feliz en bien de la República.

Dios guarde á U.

CARLOS TOMAS STEVENSON.

(Es cópia)—*Stevenson.*

República Peruana.

Sub-prefectura de la Provincia de Maynas.

Moyobamba, Julio 30 *de* 1860.

Señor Comandante General y Prefecto nombrado de este Litoral.

S. P.

Al contestar la estimable comunicacion de US. de 28 del que rije, cuyo contenido me revela el placer que ha experimentado el patriótico corazon de US., por la noticia que le tengo comunicada, de haber encontrado importantes documentos relativos á la cuestion *límites* entre el Perú, y el Ecuador; me cabe la honra de remitir veinte y dos cópias de los que me han parecido de mayor interés.

Réstame solo felicitar á US., porque á la época en que debe inaugurarse su mando en la Provincia Litoral, estaba reservado tan importante servicio á la Patria, ofreciendo, con tan feliz principio, un brillante porvenir, ya que con tanto tino y justicia la ha encomendado el *Supremo Gobierno* en manos de US.

Deseo, pues, como verdadero peruano, tengan los documentos el buen exito que me he propuesto, y que nuestro sabio y paternal Gobierno termine favorablemente una cuestion que tantas molestias le tiene causadas, distrayéndolo de atenciones mas importantes de la Nacion.

    Dios guarde á US.

     Señor Prefecto

      AGUSTIN MATUTE.

INDICE

De los documentos relativos á la posesion y dominio que ha tenido y tiene el Perú, de la Provincia de Quijos, Canelos y otros puntos, en cuestion con el Ecuador, y que existen en el archivo originales.

1803.

Setiembre 13— Oficio del Virey de Lima, Marqués de Avilés, al Gobernador de Maynas, remitiéndole cópia que autoriza el señor Rábago, de la Real Cédula de 15 de Julio de 1802, previniéndole á la vez la formacion de un plano topográfico de la demarcacion y límites de la Provincia y Obispado, con un itenerario de las entradas que haya desde los confines, á todos los pueblos de conversiones y hospicios, para segun esos datos proceda al nombramiento de autoridades subalternas y remita de Lima los auxilios precisos.

Febrero 19— Cópia de la Real Cédula de 15 de Julio de 1802, remitida por el Presidente de Quito y autorizada por D. Atanasio Olea, escribano de S. M. Allí mismo el Presidente de Quito, Baron de

Carondelet, prévio acuerdo del Fiscal Iriarte, pone sencilla y terminantemente el cúmplase, y ordena que se pase á la Real Audiencia una cópia legalizada, para que ALLI CONSTE, QUEDAR SEGREGADOS DE LA JURISDICCION DE SU DISTRITO, LOS TERRITORIOS EN ELLA EXPRESADOS : QUE SE COMUNIQUE A LOS GOBERNADORES DE MAYNAS Y QUIJOS PARA SU INTELIGENCIA Y CUMPLIMIENTO, y se tome razon en las Cajas Reales para los efectos que puedan convenir en justicia.

Febrero 22— Carta del Baron de Carondelet al Gobernador de Maynas D. Diego Calvo, felicitándolo por la creacion del gobierno de Maynas y Quijos, agregados al Vireinato de Lima, y del arreglo de las Misiones, que tanto trabajo le habian costado.

Estos dos documentos son enteramente contrarios á lo expuesto por el señor D. Antonio Matta, Ministro de Relaciones Exteriores del Ecuador, en su nota al señor Cavero, Quito 30 de Noviembre de 1857; pues léjos de oponerse y hacer observaciones y reclamos ante S. M. por la Real Cédula, la obedece, cumple y acepta, como conveniente al servicio del Rey y la Patria.

Setiembre 6 — Oficio del Virey de Lima, trascribiendo al Gobernador de Maynas el decreto recaido á su representacion de 12 de Enero último, en el que se ordena que se oficie al señor Obispo de Trujillo y Guardian de Ocopa, para que cuiden que los misioneros se restituyan á cumplir con su ministerio. Hace ver tambien que esa superioridad está muy á la mira de que se cumpla fiel y exactamente la Real Cédula de 1802, que se tiene comunicada al Gobernador de Maynas, *igualmente que por el Vireinato de Santa Fé, segun el aviso que dió éste á aquel de Lima,* en carta de Santa Fé, 29 de Marzo de 1803.

Este documento prueba que el Virey de Santa Fé, dió el pase á la Real Cédula, y aunque no consta haberlo hecho terminantemente, aparece que quedó dado de hecho el pase.

1804.

Noviembre 19— Oficio del Virey de Lima, trascribiendo la órden que dá el Gobernador de Trujillo, en virtud de la representacion del Gobernador de Maynas de 12 de Marzo último, para que de las Cajas Reales de Trujillo se remita el valor del Presupuesto de la Provincia de Maynas, despues de emitido el informe por el Presidente de Quito.

Diciembre 12— Oficio del Gobernador de Quijos, acusando recibo de la Cédula de 1802, por la que se segrega esa provincia del Vireinato de Santa Fé.

1805.

Enero 15— Oficia de Trujillo D. Blas de Taboada, acompañando cópia de la *escusa del Presidente de Quito*, para continuar la remision del situado á las provincias de Maynas y Quijos de 26 á 27,000 $ á que asciende anualmente, y que una vez segregadas de su jurisdiccion deben hacerse los pagos ó remesas por el Vireinato de Lima ó la Intendencia de Trujillo.

Mayo 6— Oficio del Virey de Lima reiterando la órden de la remision de los datos y planos de las provincias, comunicando á la vez haber dado órden á la Tesoreria de Trujillo para que remita el situado por Cajamarca y Chachapoyas.

Junio 21— Oficia de Santa Fé D. Domingo Caicedo, acompañando cópia del decreto del Virey y vista fiscal recaidos en una representacion del Gobernador de Maynas, su tenor á la letra— "Excmo. Sr.—
"El Fiscal en lo Civil dice: que los informes del señor Presiden-
"te de Quito fueron dirijidos á V. E. el año de 1801, en que toda-
"via pertenecia la Provincia de Maynas á este Vireinato; pero
"habiéndose desmembrado por Real Cédula de 15 de Julio de 1802,
"y agregado á el de Lima, parece que ha cesado el motivo con
"que se conocia en este expediente. Este fué el concepto del supe-
"rior decreto de 5 de Febrero de 1803, por el cual se terminaron
"otros asuntos de igual clase. Por lo que si V. E. fuere servido,
"podrá mandar, que el presente tenga igual suerte que el segun-
"do: mayormente cuando, tanto tiempo que ha trascurrido, no
"ha reiterado el señor Presidente sus oficios, que es prueba de ha-
"berse terminado ya el asunto.

"Santa Fé, Mayo 22 de 1805.—Frias.

"Como lo dice el señor Fiscal, y avisese al señor Presidente de
"Quito y al Gobernador de Maynas—Hay una rúbrica—Galvez—
"Caicedo."

Octubre 7— Real Cédula de esta fecha, comunicando al Gobernador de Maynas el nombramiento del Obispo señor Rangel.

Octubre 7— Cópia hecha por D. Vicente Joaquin de Matuzana, al pase que dió el Rey al Breve Pontificio de 28 de Mayo de 1803, sobre la creacion del nuevo Obispado de Maynas con los pueblos que indica la Real Cédula de 1802, y cuyo pase se dió en Madrid á 14 de Julio de 1803.

Octubre 7— Varias comunicaciones de este mismo año de los gobernadores de Capucuy, Santa Rosa, Napo y Canelos, relativas al servicio.

1806.

Mayo 28— Oficia de Cumbaya Fr. Pedro Pablo García, Comisario del Santo Oficio, acompañando algunos documentos relativos al mal comportamiento de los Padres Franciscos de Quito, en las misiones de Maynas y Quijos, que tienen relacion con hechos posteriores y dieron lugar á la Real Cédula de 1819, que corrobora en todas sus partes la de 1802 y la de 1807.

Febrero 24— Oficia el señor Obispo de Quito al Gobernador de Maynas, adjuntándole otros que de la Habana le dirije el señor Obispo Rangel, avisándole su nombramiento y de que pondrá su despacho en Jeberos.

Julio 14— Oficia el Virey de Lima al Gobernador de Maynas, ordenándole que crée fuerza armada en la Provincia, para los destacamentos de Maynas, Quijos &, en razon de haberse retirado á Quito el destacamento creado en Guayaquil en 1768.

Setiembre 1°— Oficia de Napo, D. Juan Miguel Melo, al Gobernador de Maynas, comunicándole el nombramiento de Gobernador de Quijos, que le confirió el Virey de Lima, y se pone á sus órdenes.

Noviembre 11— Oficia el señor Abascal, Virey de Lima, ordenando que se haga recluta en las provincias de Maynas y Quijos, en virtud de que las fuerzas de Quito son necesarias para otras atenciones mas urjentes, y de cuya remision se escusa el Presidente de Quito.

Diciembre 1°— Oficia el mismo Virey al Gobernador de Maynas, facultándolo para la compra de vestuario y armamento, y los nombramientos de oficialidad para los destacamentos.

1807.

Enero 5— Oficia de Quito D. Diego Melo, Gobernador propietario de Quijos, acusando recibo al Gobernador de Maynas, de su nota de

10 de Diciembre último, en la que avisa haber pedido al Virey de Lima, diese otro destino al sobrante de tributos de Quijos, cuyos sobrantes fueron para Guayaquil de órden del Presidente de Quito. Allí mismo dá cuenta de que Mariano Besantes conduce 10,000 pesos que el Presidente de Quito remite de auxilios á Maynas.

1808.

Febrero 20 —De Sta. Rosa escribe el Teniente Gobernador D. Miguel Melo, al Gobernador de Maynas, de que el señor Obispo Rangel, habiendo llegado á Archidona, con esa fecha concluia la visita, poniendo curas y demarcando los curatos. Que pasaba á Payamino, Napo y Napotea. Allí mismo avisa haberle asegurado el Presidente de Quito, que el Virey de Lima estaba displicente con el Gobernador de Maynas, por haberse negado á proporcionar Mitayos á los misioneros.

Febrero 20— Edicto del señor Obispo Rangel, para el establecimiento de cementerios en Quijos.

Junio 2— Oficia el Teniente Gobernador de Yaguas, al Gobernador de Maynas, que dos indios yuríes se dirijen á pedir permiso para establecer una poblacion en la quebrada de Yaguas, asociados de indios pasées.

Junio 29— Pastoral y expediente seguido por el señor Obispo Rangel en Santa Rosa del Napo, por haberse opuesto el Gobernador de Maynas D. Diego Calvo, á proporcionarle indios y víveres, tomados violentamente, como lo habia deseado el Obispo señor Rangel.

Setiembre 28— Oficia de Quito D. Diego Melo, refiriéndose al parte del Teniente Gobernador de Quijos, dado al Gobernador de Maynas, por la mala conducta del Vicario Hidalgo y del Cura Ulloa.

Octubre 6— Oficia el Virey de Lima al Gobernador de Maynas, trascribiendo el decreto recaido con motivo de la despoblacion de Jeberos y ordena que se separen de las tenencias de gobernacion de Quijos é Iquitos, á D. Juan y D. Narciso Melo, por ser estos los que ocasionaban los desórdenes.

Diciembre 22— Oficia de Quito D. Diego Melo, dando cuenta al Gobernador de Maynas, de los abusos y estorsiones cometidos por los indios del Bajo Napo, que tumultuados dejaron como muerto al Teniente Gobernador de Santa Rosa, quien tuvo de fugar á Quito. Allí mismo avisa de que el señor Obispo trasladó á otros puntos los pueblos de Payamino y Napotea, y las campanas de Archidona, para el pueblo de Zuno, anexo de Avila: que los sumarios levantados por el Obispo, eran solo con el objeto de suprimir las gobernaciones del Alto y Bajo Napo, quedando reducidas á solo los eclesiásticos.

Diciembre 22— Oficia el Teniente Gobernador del partido Bajo del Napo, fechado en Quito, dando parte al Gobernador de Maynas de los hechos que menciona el oficio anterior, los que motivaron su fuga, con explicacion de pormenores importantes para los otros sucesos posteriores.

1809.

Enero 12— Dos oficios y un expediente del Vicario de Santa Rosa, D. Joaquin Ignacio Hidalgo, por los que consta que los indios azotaron cruelmente al Teniente Gobernador de Napo D. Juan Melo, dentro de la misma iglesia, en presencia del Vicario.

Setiembre 9— Oficia el Virey de Lima, señor Abascal, acompañando cópia del oficio pasado al Gobernador de Guayaquil, dando varias órdenes para contener los insurrectos de Quito y que los gobernadores de Maynas y Quijos, vigilen los rios Marañon, Napo, Curubay y Putumayo, y avisa que al Virey de Santa Fé se le comunica lo mismo.

Noviembre 23— Oficia el Virey de Lima, al Gobernador de Maynas, comunicando que el de Guayaquil dá parte, de que las tres compañías de fasinerosos presidiarios se dirijian á Latacunga y Ambato, y podian tomar la ruta de Maynas, que debe cuidarse con esmero.

1810.

Febrero 14— Oficia el Teniente Gobernador de Iquitos, al Gobernador de Maynas, avisándole haber remitido los padrones de ese pueblo y el de Nanay.

Agosto 28— Oficia el Virey de Lima, comunicando el nombramiento hecho por el Rey á favor de D. Antonio Rafael Alvarez, para Gobernador político y militar de Maynas.

Julio — Carta importante escrita en Santa Rosa, por Juan Santiago Chávez, al Gobernador de Maynas, dando cuenta de varios sucesos acaecidos en el Napo, y de haberse hecho titular Gobernador de Quijos, D. Juan Naves por seducciones de Miño, habiendo sido mandado Naves por el Conde Ruiz de Castilla de Quito, para solo administrar justicia por facultad concedida por el Virey de Lima. Este hecho de haberse titulado Gobernador de Quijos, lo comprueban otra carta del Vicario Hidalgo y un expediente seguido por Naves del Licenciado Hidalgo, contra Santiago Chavez en 11 de Julio del mismo año.

Setiembre 20— Oficia Naves de Santa Rosa al Gobernador de Maynas, dándole cuenta de la mala conducta de su cómplice Miño y del expediente promovido contra el cura.

Setiembre 28— Cópia importante de una nota del Gobernador D. Diego Melo, datada en Quito, dirijida á Juan Santiago Chavez, en la que se sorprende de que Naves se haya abrogado el título de Gobernador de Quijos que nadie le confirió, puesto que el Conde Ruiz de Castilla lo remitió para solo administrar justicia. Allí mismo hay otra cópia, Quito 23 de Julio, en que el Conde Ruiz de Castilla reconviene á Naves, por haberse tomado la libertad de hacerse nombrar por si mismo Gobernador de Quijos, cuyos títulos no le fueron concedidos, y que solo el Virey de Lima pudo habérselos dado.

Octubre 16— Oficio del Gobernador de Santa Rosa al de Maynas sobre el mismo asunto.

Diciembre 5—Cinco oficios de Santiago Chavez, Teniente Gobernador de Santa Rosa, al Gobernador de Maynas, que tratan sobre el mismo asunto y tienen relacion con los sucesos posteriores.

Diciembre 27— Oficia D. José Joaquin Leon, al Gobernador de Maynas, dándole cuenta de haberse hecho cargo de la Tenencia Gobernacion de Capucuy y de remitirle los padrones.

1811.

Febrero 10— Oficio del Teniente Gobernador de Andoas, al Gobernador de Maynas, avisando que el Teniente Gobernador de Quijos, ha fugado para trasportarse á una nacion Laparo Jíbara, y que remite el padron de su pueblo. Esta fuga, segun el historial de los acontecimientos arrojados por los demas documentos, fué sin duda, por la entrada de los quiteños en Quijos, de acuerdo con el Gobernador Melo, que traicionó al Perú entregando Quijos; pero mas luego se hizo la reconquista, en la que fugaron vergonzosamente los quiteños, y se tomaron muchos prisioneros que fueron remitidos á Moyobamba, asi como los despojos de guerra, pertrechos &.

Octubre 10— Documento de la Tesorería por algunos gastos hechos en el destacamento de Quijos.

1812.

Febrero 17— Cópia importante de un expediente relativo á la reconquista de Quijos, traicionada alevosamente por el Teniente Gobernador de Santa Rosa, D. Juan Melo, que estuvo de acuerdo para ello con la junta quiteña.

— Fragmento de una carta del Gobernador de Quijos, que la reconquistó D. Manuel Fernandez Alvarez, dando cuenta de las medidas adoptadas para la seguridad del territorio.

— Oficia de Andoas, Narciso Melo, al Gobernador de Maynas, dándole cuenta de que los insurjentes de Quito y Santa Fé, han entrado en Quijos y Canelos.

— Carta del cura de Canelos al Gobernador de Maynas, pidiéndole el pago de su dotacion y otros asuntos.

— Dos cartas de diferentes personas, dando cuenta al Gobernador de Maynas, de que los insurjentes entraron en Quijos, y que los pueblos todos quedaron sin gente.

Estos fragmentos están sin fecha y deben ser posteriores.

Abril 13— Declaraciones juradas tomadas en Jeberos, por el Gobernador de Maynas, para esclarecer la traicion de Juan Miguel Melo, de la entrega de Quijos á la junta quiteña.

Abril 29— Oficio del Gobernador de Maynas á la junta de guerra, para que se resuelva sobre la traicion de Melo, y las medidas que deben adoptarse para combatir á los insurjentes.

Abril 30— Oficio de D. Juan Manuel Oyuraste, como miembro de la junta, exponiendo su parecer.

Mayo 2— Oficio del capitan D. Manuel Fernández Alvarez, sobre el mismo asunto y de bastante interes.

Mayo 2— Oficio del cura de Santa Rosa, Manuel Ascension Yepes, sobre el mismo asunto, como miembro de la junta.

Mayo 1º— Oficio de D. Damian Yepes, sobre el mismo asunto, de bastante interes.

Mayo 9— Oficio de D. Francisco Benites, relativo á la confiscacion y remate de los bienes del traidor Melo.

Junio 10— Oficia el Virey de Lima al Gobernador de Maynas, acusando recibo de los partes recibidos sobre los acontecimientos de Quijos, resolviendo que D. Manuel Fernandez Alvarez, se haga cargo de la Gobernacion de Quijos, y se adopten ciertas medidas.

Julio 2— Oficio del mismo Virey sobre el mismo asunto, con algunos otros pormenores.

Setiembre 20— D. Manuel Fernández avisa del Napo, haber derrotado completamente á los quiteños, y que el cabo 2º Manuel Renjifo, tomó varios prisioneros en Archidona.

Diciembre 14— Carta del mismo Fernández, á D. Juan Manuel Oyaraste, dándole varias noticias y avisándole que marcha para Quito, con la fuerza de su mando, á atacar á los insurjentes.

Diciembre 22— Carta del mismo al mismo, dándole aviso de la salida de la fuerza para Archidona.

— Tres documentos de la Tesorería, por los gastos hechos en el destacamento de Quijos y en la conduccion de prisioneros quiteños de Quijos á Moyobamba.

1813.

Enero 2.— Oficia D. Manuel Fernández, Gobernador de Quijos, al de Maynas, avisándole que el Presidente de Quito D. Toribio Montes lo llama con instancia para que vaya con 100 hombres armados y combata á los insurrectos.

Junio 12—Expediente del soldado Froilan Ruiz, del destacamente de Quijos, para que se le abonen los gastos hechos de Quito á Quijos.

Agosto 17— Oficio del cura de Canelos fray Antonio Prieto, pidiendo el pago de sus sueldos, de los que cede al Rey 500 $.

Diciembre 28 —Oficia el mismo, acusando recibo de la órden que se le dá por la licencia concedida á Justo Marchena, para explorar minas de oro en la mision de Canelos.

1814.

Mayo 28— Oficio importante del señor Obispo Rangel, al Gobernador de Maynas, sobre las misiones de Quijos, Canelos y otras del Napo.

Setiembre 22— Oficia de Quito D. Manuel Fernández al Gobernador de Maynas, sobre varios asuntos importantes á Quijos.

Noviembre 5— Oficia de Aguarico D. Manuel Velasco, al Gobernador de Maynas, sobre la propiedad del Perú á la provincia de Quijos; muy interesante.

Diciembre 5— Oficia D. Estevan de Abendaño á D. Manuel Fernández Alvarez, por gastos hechos en la expedicion de Quijos, en su reconquista.

1815.

Abril 28— Escribe de Suno, D. Manuel Velasco, al Gobernador de Maynas, una carta interesante, avisándole que el correjidor de Mocoa ha ido para Aguarico, á impedir que ese pueblo y los de las misiones altas, obedezcan al Gobernador de Maynas.

Agosto 30— Oficia de Napo D. Manuel Fernández Alvarez, al Gobernador de Maynas, y acredita el contenido, el dominio no interrumpido que ha tenido el Perú en la provincia de Quijos.

Octubre 4— Oficia el Teniente Gobernador de Capucuy, D. José María Renjifo, al Gobernador de Maynas, renunciando el destino

1817.

Abril 21— Oficia el Virey de Lima, señor Pezuela, acusando recibo á D. Manuel Fernández Alvarez, en que dá cuenta de haber entregado el mando de Gobernador de Quijos, á su sucesor D. Rudecindo del Castillo.

Noviembre 13— Documento de contabilidad por 187 $, dados al cabo José María Ortiz, que con tres soldados marcha, en esa fecha, al destacamento de Quijos.

Diciembre 6— Oficia Juan Navez, Teniente Gobernador de Barranca, acusando recibo de la órden que se le comunicó, para que no se bajasen de Pevas los comerciantes que vayan del Napo, ni se les permita entrar á los Yaguas por perjudiciales.

Diciembre 7— Oficia de Quito D. Juan Ramirez, dando las gracias al Gobernador de Maynas, por haber nombrado Teniente Gobernador de Canelos, á su recomendado D. Tomas Borja.

1818

Febrero 8— Oficio del Virey Pezuela al Gobernador de Maynas, acusándole recibo del parte que dá de estar instruyendo un sumario contra D. Juan Manuel Oyararte y otros, por revoltosos.

Marzo 1º—D. Juan Ramirez, de Quito, trascribe al Gobernador de Maynas, el oficio que pasa con esa fecha al Virey del Perú, suplicándole preste los auxilios precisos para que D. Manuel Gonzalez, de San Pedro, y D. José María Cabezas, hacendados de Barbacoas, descubran minas de oro en las montañas de Canelos y Napo, para establecer su labor bajo la direccion de D. Juan Rivera, con una expedicion de negros peritos, y hace la misma súplica al Gobernador de Maynas, para que no se oponga y les facilite auxilios.

Abril 21— En el libro copiador de este año hay varias notas relativas al dominio del Perú en Quijos, y entre otras, una del Gobernador de Maynas al Presidente de Quito, diciéndole, que los empleados y destacamento de Quijos, han sido siempre socorridos con el producto de la contribucion de Quijos.

Mayo 6— Oficio del Virey de Lima al Gobernador de Maynas, para que en el acto entregue en la Tesorería dos mil pesos sobrantes de la contribucion de Quijos.

— Un documento de contabilidad de pagos hechos de trescientos noventa y dos pesos al destacamento de Quijos.

1819.

Mayo 5— Oficio del Virey de Lima, al Gobernador de Quijos, cesante, trascribiéndole un auto de la Real Hacienda, por los tributos cobrados en Quijos, en los años de 1813, 14, 15 y 16.

Junio 17— Oficia de Madrid D. Estévan Varea, y entre otras cosas dice: que el pueblo de Oran se fundó en la boca del Napo, para impedir la entrada de los portugueses en las misiones altas.

— Documentos de contabilidad por gastos hechos en el destacamento de Quijos.

1820.

Enero 24— Carta del cura de Andoas, al Gobernador de Maynas, quejándose de sus desgracias, lo que comprueba que este pueblo no ha estado jamas segregado en lo espiritual del Obispado de Maynas, como se asegura.

Junio 22— En oficio de esta fecha acompaña el Virey de Lima un expediente en cópia, de D. Manuel Martinez, minero que dice ser del Napo, pidiendo informe al Gobernador de Maynas.

1823.

Setiembre 21— En el libro copiador de correspondencias de este año, hay una nota del Gobernador de Maynas, al honorable señor Presidente D. Pedro Antonio Borgoño, su tenor á la letra: "La provincia " de Quijos, dependiente de este Gobierno, y distante de esta ciu" dad como 500 leguas, ha estado mandada siempre por un Go" bernador, y este, por la larga distancia de esta capital, ha reci" bido las órdenes de Lima por la vía de Quito, por ser mas pron" ta la comunicacion. Ahora ha llegado á mi noticia que el señor " General Sucre, cuando entró en Quito, dió nombramiento de Go" bernador de dicha provincia á D. Antonio Lemus, y por si acaso " el Supremo Gobierno ó ese superior, carezcan de noticias, doy " parte para su superior inteiijencia."

En este y otros copiadores hasta solo este año, hay comunicaciones que denotan dominio en Quijos, como dependiente de las provincias de Maynas.

Todos estos datos existen en el archivo de la Sub-prefectura, y son sacados por el que suscribe, para formar el historial de los acontecimientos, como prueba evidente de que solo al Perú corresponde la propiedad de esos terrenos, y que el Ecuador, jamas los ha tenido ni un momento en su poder.

Moyobamba, Julio 28 de 1860.

AGUSTIN MATUTE.

INDICE

De los documentos mas importantes hasta ahora encontrados en el archivo de la Sub-prefectura de esta Provincia, relativos á la cuestion LIMITES con el Ecuador y que, en copia certificada, se acompañan.

FEBRERO 20 DE 1803.

Num. 1— Nota del Baron de Carondelet, Presidente Superintendente de Quito, incluyendo la Real Cédula de 1802, al señor Gobernador de Maynas, para su debido cumplimiento.

FEBRERO 19 DE 1803.

Num. 2— Real cédula de 1802, remitida por el Baron de Carondelet, Presidente Superintendente de Quito, al Gobernador de Maynas D. Diego Calvo, al final de la que se encuentra el *auto de obedecimiento* del dicho Baron, y su decreto de CÚMPLASE, á continuacion del dictámen del Fiscal de esa Presidencia.

FEBRERO 22 DE 1803.

Num. 3— Carta de felicitacion de puño y letra del Baron de Carondelet, dirijida al señor Comandante General de Maynas D. Diego Calvo, con motivo de la agregacion de las provincias de Quijos y Maynas al Vireinato de Lima.

SETIEMBRE 6 DE 1803.

Num. 4— Oficio del Virey de Lima, Marqués de Avilés, trascribiendo al Gobernador de Maynas el decreto recaido sobre su representacion de 12 de Enero de 1803, y en que hace referencia á la Cédula de 1802; que dice haberle sido comunicada igualmente por el Virey de Santa Fé.

SETIEMBRE 13 DE 1803.

Num. 5— Oficia el Marqués de Avilés, al Gobernador de Maynas, para que tome posesion del nuevo gobierno, á cuyo efecto le incluye la Real Cédula de 1802 y ordena que le suministre los datos necesarios (levantando el plano correspondiente de los límites de ese territorio) para acudir á las necesidades de él.

DICIEMBRE 12 DE 1804.

Num. 6— Oficio del Gobernador de Quijos, D. Diego Melo de Portugal, pidiendo permiso al Gobernador y Comandante General de Maynas, para reparar su quebrantada salud, volviendo á ponerse á sus órdenes luego que haya mejorado.

ENERO 15 DE 1805.

Num. 7— Oficio dirijido por el Intendente de Trujillo D. Vicente Gil de Taboada, al Gobernador y Comandante General de Maynas, incluyendo el expediente que se acompaña bajo el número 8.

Num. 8— Expediente seguido por superior órden del Virey de Lima, Marqués de Avilés, fecha 19 de Noviembre de 1804, para ver modos de proporcionar á la recien erejida Gobernacion de Maynas, de las cajas reales de Trujillo, los situados necesarios para su sostenimiento con motivo de haberse escusado de proporcionarlos el Presidente de Quito, en virtud de haberse separado esta parte del territorio del Vireinato de Santa Fé.

JUNIO 21 1805.

Num. 9— Oficio de D. Domingo Caicedo al Gobernador do Maynas, acompañando el decreto del Virey de Santa Fé que aparece bajo el número 10.

Num. 10— Decreto del Virey de Santa Fé, fecha del 29 de Mayo de 1805, motivado por el reclamo interpuesto por el Gobernador y Comandante General de Maynas, quejándose de que el Presidente de Quito trataba de privarle de las facultades que le competian en su Gobierno.

JULIO 14 DE 1806.

Num. 11— Oficio del Virey de Lima, Marqués de Avilés, al Gobernador de Maynas, ordenándole la creacion de fuerza armada para los destacamentos de Maynas (y Quijos) en razon de haberse retirado á Quito el destacamento creado en Guayaquil en 1768.

SETIEMBRE 1.º DE 1806.

Num. 12— Oficio del Napo, de D. Juan Miguel Melo, (hijo del Gobernador D. Diego Melo) al Gobernador y Comandante General D. Diego Calvo, comunicándole el nombramiento de Teniente General de Gobernador que le habia conferido el Virey de Lima, y pidiéndole le impartiese sus superiores órdenes para obedecerlas.

DICIEMBRE 1.º DE 1806.

Num. 13— Oficio del Virey de Lima, Abascal, al Gobernador y Comandante General de Maynas, facultándole para la compra de vestuario y armamento, y nombrando los oficiales para los destacamentos.

ENERO 5 DE 1807.

Num. 14.—Oficio de Quito de D Diego Melo de Portugal, propietario Gobernador de Quijos, dirijido al Comandante General y Coronel de Ingenieros D. Diego Calvo, acusando recibo de su nota de Diciembre 10 anterior, en la que avisa haber pedido a Virey de Lima diese otro destino al sobrante de tributos de Quijos.

OCTUBRE 6 DE 1808.

Num. 15.—Oficio del Virey de Lima, Abascal, al Gobernador y Comandante General de Maynas, trascribiendo el decreto recaido con motivo de la despoblacion de Jeveros, en el que ordena se separen de las Intendencias gobernaciones de Quijos é Iquitos, á D. Juan y á D. Narciso Melo, por ser éstos los que ocasionaban desórdenes.

JULIO 23 DE 1810.

Num. 16— Oficio del Conde Ruiz de Castilla, Presidente de Quito, dirijido á D. Juan Navez, mandado á Maynas por él, para hacer justicia miéntras la ausencia del Gobernador Melo, reconviniéndole por haberse titulado Gobernador interino, no habiéndolo nombrado tal, ni pudiendo hacerlo porque esos pueblos dependian del Vireinato de Lima, y que por consiguiente se abstuviese de cobrar tributos.

NOVIEMBRE 5 DE 1815.

Num. 17— Oficio interesante dirijido por el Teniente Gobernador de Aguarico D. Manuel de Velasco, al Gobernador y Comandante General de Maynas y sus agregados, dándole parte de la usurpacion de jurisdiccion de las autoridades de la Presidencia de Quito y de haber hecho los reclamos oportunos.

MAYO 5 DE 1819.

Num. 18— Oficio interesante del Virey de Lima, D. Joaquin de la Pezuela, al Gobernador cesante de Quijos, D. Manuel Fernández Alvarez, trascribiéndole el auto de la Real Hacienda por los tributos cobrados en Quijos en los años 1813, 14, 15 y 16.

MADRID, 17 DE JUNIO DE 1819.

Num. 19— REAL CEDULA ORIGINAL DE FERNANDO VII, trascribiendo la de 1807, en la que ratifica la de 1802 y manda de nuevo, es decir, por tercera vez, que se cumpla su real voluntad.

ENERO 2 DE 1816.

Num. 20— Oficio del Virey de Lima, "Marqués de la Concordia," al Gobernador de Maynas, trascribiendo la real órden en que S. M. manda que, hallándose reunidas las atribuciones de los demas ministerios en el Vireinato de Lima, sean fielmente cumplidas por las diferentes autoridades, todas las órdenes emanadas de él, que les sean comunicadas en traslado, por la autoridad principal á quien se dirija.

JULIO 12 DE 1816.

Num. 21.— Oficio del Virey de Lima, D. Joaquin de la Pezuela, al Gobernador de Maynas, avisándole haber nombrado Gobernador de Quijos, en clase de interino, hasta la resolucion de S. M., á D. Rudecindo del Castillo Renjifo, y que disponga que se posesione de dicho cargo.

MAYO 21 DE 1817.

Num. 22— Orden del Virey de Lima, señor Pezuela, al Gobernador de Maynas, para que remita al Gobernador de Quijos, cuatro soldados y un cabo para que lo auxilien, en el cobro de la contribucion de naturales.

Moyobamba, Julio 30 de 1860.

CARLOS T. STEVENSON.

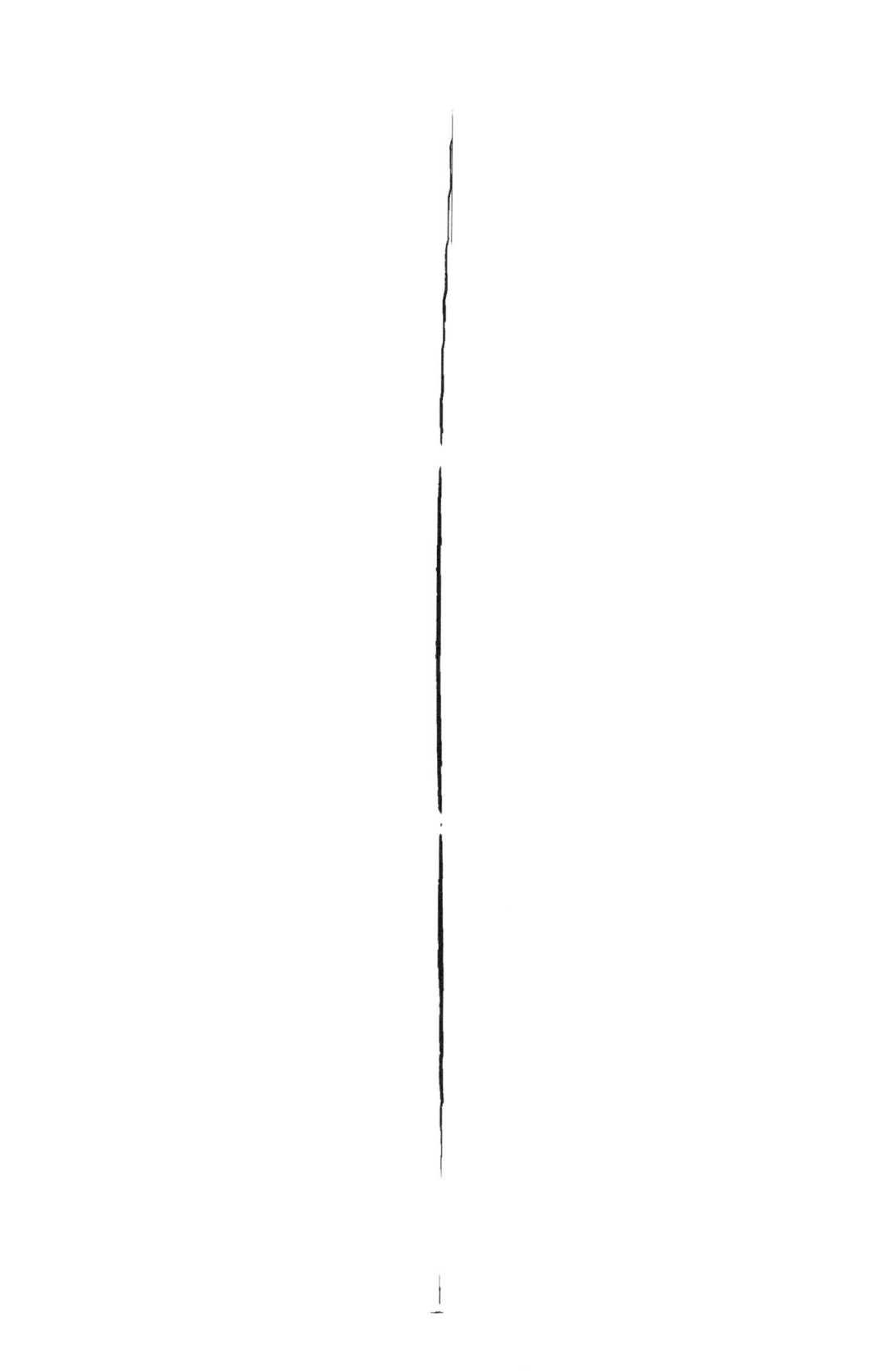

Núm. 1.

Por la adjunta Real Cédula, que en testimonio acompaño, se impondrá U. de haberse servido S. M incorporar ese Gobierno y misiones al Vireinato del Perú, separándolo del de Santa Fé, en los términos que en ellas se expresan; y la comunico á U. para su inteligencia y cumplimiento.

Dios guarde á U. muchos años.

Quito, 20 de Febrero de 1803.

Firmado.
EL BARON DE CARONDELET.

Señor Gobernador de Maynas.

El Sub-prefecto que suscribe, certifica, que la copia anterior es sacada de su original, existente en el archivo de su cargo.

Moyobamba, Julio 29 de 1860.

AGUSTIN MATUTE.

Núm. 2.

SELLO REAL DE CARLOS IV. PARA 1802 Y 1803.

REAL CEDULA.

El Rey, Presidente de mi Real Audiencia de la ciudad de Quito para resolver mi consejo de las Indias el Expediente sobre el Gobierno Temporal de las Misiones de Maynas en esa Provincia, pidió informe á D. Francisco Requena, Gobernador y Comandante General que fué de ellas, y actual Ministro del propio Tribunal, y lo ejecutó en primero de Abril de mil setecientos noventa y nueve, remitiéndose á otro que dió con fecha de veintinueve de Marzo anterior, acerca de las Misiones del Rio Ucayale, en que propuso para el adelantamiento Espiritual y Temporal de unas y otras, que, el Gobierno y Comandancia General de Maynas, sea dependiente del Vireynato de Lima, segregando del de Santa Fé y de la Jurisdiccion de esa Real Audiencia todo el Territorio que las comprendia, como así mismo otros terrenos y Misiones confinantes con las propias de Maynas existentes por los Rios Napo, Putumayo, y Yapura: que todas estas misiones se agregan al Colejio de Propaganda Fide de Ocopa, el cual actualmente tiene las que están por los Rios Ucayale, Huallaga y otros colaterales con Pueblos en las montañas, inmediatos á estos Rios, por ser aquellos misioneros los que mas conservan el fervor de su destino: que se erija un Obispado que comprenda todas estas misiones reunidas, con otros varios Pueblos y Curatos próximos á ellas que pertenecen á diferentes Diócesis, y pueden ser visitados por este nuevo Prelado, el cual, podrá prestar por aquellos paises de montañas, los socorros espirituales que no pueden los Misioneros de diferentes relijiones y Provincias que las sirven, los distintos Superiores Regulares de ellas, ni los mismos Obispos que en el dia extienden su jurisdiccion por aquellos vastos y dilatados territorios poco poblados de cristianos, y en que se hallan todavía muchos infieles sin haber entrado desgraciadamente en el Gremio de la Santa Iglesia. Sobre estos tres puntos informó el dicho Ministro Requena, se hallaban las Misiones de Maynas en el mayor deterioro, y que solo podian adelantarse estando dependientes del Vireynato de Lima, desde donde podrian ser mas pronto auxiliadas, mejor defendidas y fomentarse algun comercio por ser accesibles todo el año los caminos de aquella ciudad á los embarcaderos de Jaen, Moyobamba, Lamas, Playa grande y otros puertos, todos en distintos Rios que dan entrada á todas aquellas Misiones, siendo el temperamento de ellas muy análogo con el que se experimenta en los Valles de la costa, al norte de aquella Capital. Expuso tambien era muy preciso que los Misioneros de toda aquella Gobernacion y de los paises que debia comprender el nuevo Obispado, fuesen de un solo instituto y de una sola Provincia con verdadera vocacion para propagar el Evangelio, y que sirviendo los del Colejio de Ocopa las Misiones de los Rios Huallaga y Ucayale, seria muy conveniente se encargase tambien de todas las demas que proponia incorporar bajo de la misma nueva Diócesis de conformidad que todos los pueblos que á esta se le asignasen, fuesen servidos por los expresados Misioneros de Ocopa y tuviesen estos varios curatos y hospicios á la entrada de las montañas por diferentes caminos en que poder descansar y recojerse en sus incursiones relijiosas; últimamente, informó el mismo Ministro que, por la conveniencia de confrontar en cuanto fuese posible la estension militar de la Comandancia General de Maynas con la Espiritual del nuevo Obispado, debia este dilatarse no solo por el Rio Marañon abajo hasta las fronteras de las Colonias Portuguesas, sino tambien por los demas Rios que en aquel desembocan y atraviesan todo aquel bajo y dilatado pais de uniforme temperamento, transitable por la navegacion de sus aguas, estendiéndose tambien su jurisdiccion á otros Curatos que están á poca distancia de los Rios, con corto y fácil camino de montaña, intermedio á los cuales por la situacion en que se hallan, nunca los han visitado sus respectivos prelados diocesanos á que pertenecen. Visto en el referido mi consejo pleno de Indias y examinado con la detencion que exije asunto de tanta gravedad, el circunstaciado informe de Don Francisco Requena con cuanto en él mas expuso, muy detalladamente, sobre otros particulares, dignos de la mayor reflexion lo informado tambien por la Contaduría General y lo que dijeron mis Fiscales, me hizo presente en consulta de veinticho de Marzo y siete de Diciembre de mil ochocientos uno, su dictámen y aviniéndome conformado con él, he resuelto se tenga por segregado del Vireynato de Santa Fé y de esa Provincia, y agregado al Vireinato de Lima, el Gobierno y Comandancia General de Maynas, con los Pueblos del Gobierno de Quijos, excepto el de Papallacta por estar todos ellos á las orillas del Rio Napo ó en sus inmediaciones, estendiéndose la nueva Comandancia General, no solo por el Rio Marañon abajo, hasta las fronteras de las Colonias Portuguesas, sino tambien por todos los demas Rios que entran al mismo Marañon por sus márgenes septentrional y meridional, como son Morona, Huallaga, Pastaza, Ucayale, Napo, Yavari, Putumayo, Yapura y otros menos considerables, hasta el paraje en que estos mismos por sus saltos y raudales inaccesibles no pueden ser navegables; debiendo quedar tambien á la misma Comandancia General los pueblos de Lamas y Moyobamba para confrontar en lo posible la Jurisdiccion Eclesiástica y militar de aquellos territorios, á cuyo fin os mando que quedando, como quedan agregados, los Gobiernos de Maynas y Quijos, á cuyo fin es mi voluntad que queden, como deben quedar, agregados los Gobiernos de Maynas y Quijos excepto el pueblo de Papallacta al Vireynato de Lima y segregados de la Jurisdiccion de esa mi Real Audiencia. Así mismo he resuelto poner todos esos Pueblos y Misiones reunidas, á cargo del Colejio Apostólico de Santa Rosa de Ocopa del Arzobispado de Lima, y que luego que les estén encomendadas las doctrinas de todos los Pueblos que comprende la Jurisdiccion designada á la expresada Comandancia General y nuevo Obispado de Misiones, que tengo determinado se erija, disponga mi Virey de Lima, que por mis reales cajas mas inmediatas, se satisfaga sin demora, á cada relijioso misionero de los que efectivamente se encargasen de los Pueblos, igual sínodo al que se contribuye á los empleados en las antiguas, que están á cargo del mismo Colejio. Que teniendo este, como tiene facultad de admitir en su gremio á los Relijiosos de la Provincia, del mismo órden de San Francisco, que quieran dedicarse á la propagacion de la fé, aliste desde luego á todos los que la soliciten, con verdadera vocacion y sean aptos para el Ministerio Apostólico, prefiriendo á los que se hallan en actual ejercicio, de los que pasaron á esa Provincia con este preciso destino y hayan acreditado su celo por la conservacion de las almas que les han sido encomendadas, sin que puedan separarse de sus respectivas reducciones en el caso de no quererse incorporarse en el Colejio, hasta que este pueda proveerlas de Misioneros idóneos. Que á fin de que haya siempre los necesarios para las ya fundadas y para las que puedan fundarse de nuevo en aquella dilatada mies, disponga el Virey de Lima que, si no tuviere noviciado el expresado Colejio de Ocopa, lo ponga precisamente, y admita en él á todos los Españoles, Europeos ó Americanos que con verdadera vocacion quieran entrar de novicios, con la precisa circunstancia de pasar á la predicacion evangélica, siempre que el prelado los destine á ella, por cuyo medio habrá un plantel de operarios de virtud y educacion cual se requiere para las misiones, sin tener que ocurrir á colectarlos en las Provincias de estos mis reinos. Tambien he resuelto se erijan hospicios para los Misioneros dependientes del Colejio de Ocopa en Chachapoyas y Tarma y que el Convento de la Observancia que existe en Huánuco se agregue al enunciado Colejio, para el servicio de las Misiones, cuyos hospicios son muy necesarios á los Relijiosos, como lo informó D. Francisco Requena, para las entradas y salidas, recuperar la salud, y acostumbrarse á los alimentos y ardiente temperamento de aquellos bajos y montuosos paises que bañan los Rios Marañon, Huallaga, Ucayale, Napo y otros que corren por aquellas profundas é interminables llanuras; y con este mismo fin, he determinado se entregue á la mayor brevedad á dicho Colejio de Santa Rosa de Ocopa los Curatos de Lamas y Moyobamba para que tengan los Misioneros mas auxilios y faciliten la llegada á los embarcaderos inmediatos á los Rios Huallaga y Marañon, conservando y manteniendo los mismos Misioneros para sus entradas, desde Huánuco á los pueblos de Playa Grande, Cuchero y Mayro, que dan paso á las cabeceras del Rio Huállaga y á las aguas que van al Ucayale, las reducciones y pueblos situados en los caminos, que desde dicha ciudad de Huánuco hay á los tres referidos puertos, teniendo de este modo varias rutas, para que segun fueren las estaciones, puedan entrar sin interrupcion en los dilatados campos que se les encomienda, para extender entre sus habitantes la luz del Evangelio. Igualmente he resuelto erijir un Obispado en dichas Misiones, sufragáneo del Arzobispado de Lima, á cuyo fin se obtendrá de Su Santidad el correspondiente breve, debiendo componerse el nuevo Obispado, de todas las conversiones que actualmente sirven los Misioneros de Ocopa, por los Rios Huállaga, Ucayale, y por otros caminos de montañas que sirven de entradas á ellos, y están en la jurisdiccion del Arzobispado de Lima, de los Curatos de Lamas, Moyobamba y Santiago de las montañas, pertenecientes al Obispado de Trujillo: de todas las Misiones de Maynas: de los Curatos de la Provincia de Quijos, excepto el de Papallacta: de la Doctrina de Canelos en el Rio Bobonaza, servida por Padres Dominicos: de las Misiones de Relijiosos Mercedarios en la parte inferior del Rio Putumayo perteneciente todo al Obispado de esa ciudad y á la jurisdiccion de esa mi Real Audiencia: y de las Misiones situadas en la parte superior del mismo Rio Putumayo y en el Yapura, llamadas de Sucumbios, que estaban á cargo de los Padres Franciscanos de Popayan, sin que puedan por esta razon separarse los Eclesiásticos Seculares ó Regulares, que sirven todas las referidas Misiones ó Curatos, hasta que el nuevo Obispo disponga lo conveniente. Aunque este Prelado no tiene por ahora Cabildo, ni Iglesia Catedral, puede residir en el

Pueblo que mejor le parezca, y mas conviniere para el adelantamiento de las Misiones, y segun las urjencias que vayan ocurriendo; con todo, mientras no hubiere causa que lo impida, puede fijar su residencia ordinaria en el Pueblo de Jeveros, por su buena situacion en pais abierto, por la ventaja de ser su Iglesia la mas decente de todas y la mejor paramentada con rica custodia y vasos sagrados, y con frontal, sagrario, candileros, mallas, inciensarios, cruces y varas de palio de plata: por el número de sus habitantes de bella índole, y por ser dicho pueblo como el centro de las principales Misiones, estando casi á igual distancia de él, las últimas de Maynas, que se extienden por el Rio Marañon abajo, como las postrimeras que están aguas arriba de los Rios Huállaga y Ucayale, que quedan hácia el Sur, teniendo desde el mismo pueblo hácia el Norte, los de los Rios Pastaza y Napo, quedándole solo las del Putumayo y Yapura, mas distantes para las visitas, pudiendo poner para el mejor gobierno de su Obispado, los correspondientes Vicarios en cada uno de estos diferentes Rios, que son los mas considerables de aquellas varias Misiones.—Y finalmente, he resuelto que la dotacion del nuevo Prelado sea de cuatro mil pesos anuales, situados en mis reales cajas de la Ciudad de Lima, por cuenta de mi real Hacienda, como tambien otros mil pesos para dos Eclesiásticos Seculares ó Regulares, á quinientos cada uno, que han de acompañar al Obispo, como asistentes, y cuyo nombramiento y remocion debe quedar por ahora al arbitrio del mismo Prelado, con la obligacion de dar cuenta ó aviso al Superior Gobierno de Lima, en cualquiera de los casos de nombramiento ó remocion, y haciendo constar los mismos Eclesiásticos su permanencia en las Misiones, para el efectivo cobro de su haber, entrando por ahora en las reales cajas de aquel Vireynato los diezmos que se recauden en todo el distrito del nuevo Obispado. Y os lo participo, para que, como os lo mando, dispongais tenga el debido y puntual cumplimiento la citada mi real determinacion, en inteligencia de que, para el mismo efecto, se comunica por cédulas y oficio de esta fecha á los Vireyes de Lima y Santa Fé, al Comisario General de Indias de la Relijion de San Francisco, al Arzobispo de Lima y á los Obispos de Trujillo y Quito. Y de esta Cédula se tomará razon en la Contaduría General del referico mi Consejo y por los Ministros de mi real Hacienda, en las cajas de esa Ciudad de Lima.—Dada en Madrid á quince de Julio, de mil ochocientos y dos.

YO EL REY.

Por mandado del Rey Nuestro Señor—SILVESTRE COLLAR.

Hay tres rúbricas de los Señores del Real y Supremo Consejo de Indias.

RAZON.

Tómese razon en el Departamento Meridional de la Contaduría General de las Indias.—Madrid treinta y uno de mil ochocientos y dos.

EL CONDE DE CASA VALENCIA.

Quito diez y nueve de Febrero de mil ochocientos tres.

AUTO DE OBEDECIMIENTO.

Por recibida la antecedente Real Cédula: obedécese en la forma ordinaria y para tratar de su cumplimiento.—Vista al Señor Fiscal.

CARONDELET.   OLEA.

VISTA DEL SEÑOR FISCAL.

Señor Presidente Superintendente.

El Fiscal dice: que teniendo Vue-Señoría obedecida esta Real Cédula, fecha en Madrid á quince de Julio de mil ochocientos dos, puede mandar se guarde, cumpla y ejecute: pasándose á la Real Audiencia una cópia legalizada para que allí conste quedar segregados de la jurisdiccion de su distrito los territorios en ella expresados: y comunicándose á los Gobernadores de Maynas y Quijos para su inteligencia y cumplimiento: y que se tome razon en Cajas Reales para los efectos que puedan convenir en justicia.

Quito y Febrero diez y nueve de mil ochocientos tres.

IRIARTE.

DECRETO.

QUITO DIEZ Y NUEVE DE FEBRERO DE MIL ODHOCIENTOS TRES.

Como parece al Señor Fiscal.

CARONDELET.   OLEA.

Testuado—los—no vale—Una rúbrica.

DE OFICIO.

Es fiel cópia de su orijinal á que, en lo necesario, me remito. Quito y Febrero diez y nueve de mil ochocientos y tres años.

Firmado—ATANASIO OLEA.—Escribano de S. M., Interino de Cámara y de Gobierno.

Jeveros 15 de Agosto de 1803.

Por recibida en este dia la antecedente Real Cédula, obedécese en la forma ordinaria y para su cumplimiento, publíquese en la forma acostumbrada.

El Infrascrito Subprefecto de esta Provincia certifico: que lo anterior, es fiel cópia de la trascripcion orijinal que existe en el archivo de mi cargo al que me remito.

Moyobamba, Julio 29 de 1860.

Agustin Matute.

Núm. 3.

Quito 22 de Febrero de 1803.

Mi estimado Comandante General y señor:

Despues de entregados los pliegos al portador, llegó el correo con la noticia que le comunico á U. de oficio, y sabiendo que habia demorado su salida, me valgo del mismo para darle la enhorabuena, tanto de la ereccion de ese gobierno (al que se reune el de Quijos) en Comandancia General y Obispado dependientes de Lima, como del arreglo de esas misiones que tanto le han dado que hacer, celebraré que le proroguen en ese mando y que consiga U. todas las satisfacciones y ventajas que le desea su mas atento y seguro servidor Q. S. M. B.

El Baron de Carondelet.

Señor D. Diego Calvo.

El infrascrito Sub-prefecto de esta provincia certifica: que el anterior contenido es copia fiel y exacta del original existente en el archivo de su cargo.

Moyobamba, Julio 29 de 1860.

Agustin Matute.

Núm. 4.

Sobre la representacion de U. de 12 de Enero último, he proveido el decreto que sigue y le trascribo para su gobierno y en contestacion, despues de haber librado las órdenes que en él se indican.

"Visto este expediente, con lo expuesto por el Sr. Fiscal: sáquese por mi Secretaría de Cámara copia certificada de la carta del Gobernador de Maynas nuevamente agregado á este Virenato, y pásense con ella los oficios que corresponden al Illmo. Sr. Obispo de la Santa Iglesia Catedral de Trujillo, y al Padre Guardian del Colegio de Ocopa, previniéndoles libren cuantas providencias consideren oportunas á precaver que los padres misioneros destinados á aquel territorio, se retiren á él, á cumplir con los deberes de su ministerio apostólico, sin que por ningun pretesto, título ni motivo se les abrigue ni preste acojida en el distrito del obispado, y mucho ménos en el expresado Colegio, pues han de residir precisamente en las misiones á que son destinados, haciendo con este objeto que en caso de presentarse se detengan y aseguren sus personas á disposicion del citado Gobernador, al que darán inmediatamente parte para que use de los medios y arbitrios concernientes á su reduccion; contestándose con insercion de este decreto al mismo Gobernador su oficio de 12 de Enero de este año, para su inteligencia, y la de que por esta superioridad se está muy á la mira de prestar cuantos auxilios se consideren precisos al mas exacto cumplimiento, de lo que S. M. tiene resuelto en Real Cédula de 1802, que se le tiene comunicada igualmente que por el Excmo. Sr. Virey de Santa Fé, segun lo avisa en carta de 29 de Marzo de este año."

Dios guarde á U. muchos años.

Lima á 6 de Setiembre de 1803—Firmado,

EL MARQUES DE AVILES.

Señor D. Diego Calvo, Gobernador de Maynas.
Jeberos.

El infrascrito Sub-prefecto de esta provincia, certifica: ser copia fiel y exacta del original que existe en esta Sub-prefectura, en el archivo de mi cargo.

Moyobamba, Julio 29 de 1860.

AGUSTIN MATUTE.

Núm. 5.

Resuelta por S. M. la agregacion de esa Provincia y Gobierno de Maynas á este Superior Gobierno en el modo que explica la Real Cédula de 15 de Julio de 1802 de que incluyo á U. copia certificada, es ya consiguiente tratar de su cumplimiento y de que se realicen los justos objetos que la han motivado.

Para ello es de precisa necesidad que U. me dé cuenta de todos los auxilios que considere precisos así para el adelantamiento y conservacion de los pueblos y misiones establecidas, como para la seguridad del distrito de su mando. Conviene tambien que por personas de inteligencia y conocimientos prácticos, haga U. levantar un plano topográfico de la demarcacion y límites de ese Gobierno y Obispado nuevamente erijido, con un itinerario de las entradas que haya desde los confines de este Vireinato á todos los pueblos de conversiones, curatos y hospicios de que se encarga la citada Real Cédula, y que me lo remita á la posible brevedad para proceder en su vista al nombramiento de los cabos, subalternos y tenientes de ese Gobierno que se conceptúen necesarios, segun la situacion de los pueblos y sus distancias, tanto para administracion de justicia, como para defensa de las fronteras. A todo lo cual puede U. agregar aquellas noticias y relaciones que considere propias de mi conocimiento y necesarias para preparar y expedir las providencias que convengan.

Dios guarde á U. muchos años.

Lima, 13 de Setiembre de 1803.

Firmado— EL MARQUES DE AVILES.

Señor Gobernador de Maynas.

———

Sigue la Real Cédula á que se refiere y que aparece adjunta en el original.

———

El infrascrito Subprefecto de esta Provincia, certifico: que esta es fiel copia del original existente en el archivo de mi cargo.

Moyobamba, Julio 29 de 1860.

AGUSTIN MATUTE.

Núm. 6.

Señor Gobernador y Comandante General.

He recibido el oficio de US. de 14 de Agosto del presente año, quedando inteligenciado en los puntos que en él se contienen, correlativos al buen régimen de esta provincia, y por lo que toca á D. Antonio Lémus, solo espera dar la vuelta á la provincia, para cobrar lo que le deben, que los demas los haré saber á los indios gobernadores, en cumplimiento de mi obligacion, aunque estoy evidenciado que miéntras que este gobierno no tenga algun apoyo en qué afianzar su autoridad, serán infructuosas todas las providencias que se dicten para su buen establecimiento.

A principios de este año, se sirvió US. mandarme retuviese en mi poder los intereses de la Real Hacienda, hasta que lo resuelva el Excmo. Sr. Virey del Reino: esto es impracticable, á causa de que las pitas [que es el principal ramo] están expuestas á un total deterioro, por el mal temperamento, insectos y plaga de ratones que las despedazan, como me ha sucedido con unas tantas libras que hasta la fecha tengo que reponer; por cuya causa he premeditado el perjuicio que se sigue á la Real Hacienda y he resuelto remitirlas á las Cajas Reales de Quito, á que esos señores ministros la expendan de cuenta del Rey; supuesto de que de las mismas Reales Cajas es proveída esa expedicion y tenencia general, de acuerdo con los Excmos. Sres. Vireyes de Lima y Santa Fé, segun se me comunica por la Comandancia General.

Acompaño á US. un tanto de la real órden de 14 de Junio, digo 16 de Febrero de 1800, en que S. M. se sirvió conceder permiso á los empleados en Real Hacienda, para que puedan comerciar siempre que no tengan renta fija, y solo la asignacion de un tanto por ciento, por el ramo que esté á su cargo, como sucede en este gobierno por el de tributos.

Igualmente incluyo á US. el estado general de las gentes de que se componen en esta provincia, aunque desde su conclusion á esta parte, es considerable el número de los muertos, el que no he podido saber á punto fijo hasta el día, especialmente el curato de Avila, que es el mas extenso á causa de que su cura se fué á Quito, dando órden en los pueblos, de que no salieran del monte hasta su regreso, el que hasta el acto no se ha verificado, y aunque ántes se le pidió razon de oficio, acerca de los feligreses de ambos sexos y edades de su beneficio; contestó el que incluyo á US. para que se sirva devolvérmelo; pues aquí no conocen otra jurisdiccion que la de su voluntad, sin que obste cuantas reconvenciones políticás y sagaces se córran acerca de su reforma, que en este particular bastantemente me he insinuado con US. en mis anteriores.

El contador y gobernador de tributos de Quito D. Mauricio de Echanique, me ha instado, por repetidos oficios, á que salga á rendir la cuenta de este ramo del año de 1802, y por otra parte mi quebrantada salud exige pronto reparo, y acabándome de escribir mi apoderado, por otra parte que veré de muy tarde en tarde, las providencias del Excmo. Sr. Virey del Reino, se me hace forzoso suplicar á US. que dispensándome, me dé su permiso, que luego que haya rendido mi cuenta y reparado de la salud, volveré al cumplimiento de mi obligacion, y dejo al Teniente General de esta provincia en el entretanto, para todo cuanto ocurra y US. se sirva mandar

Al conductor del situado, D. Mariano Basantes, le he dado todos los auxilios necesarios para el seguro trasporte de la cantidad de diez y seis mil pesos que conduce con un cabo y dos soldados, habiendo hecho abrir el camino de Gaja, para evitar los raudales y peligros de este rio.

Nuestro Señor guarde la vida de US. muchos.

Napo y Diciembre 12 de 1804.

    Diego Melo de Portugal.

Es cópia de su original existente en el archivo de la Sub-prefectura y archivo de mi cargo, al que me remito en caso preciso.

Moyobamba, Julio 29 de 1860.

    Agustin Matute.

Num. 7.

La adjunta cópia, en fojas cuatro útiles, lo es á la letra de cuanto se ha obrado, por consecuencia de la superior órden de 19 de Noviembre último del año proximo pasado, que está por cabeza. Y aunque antes de ella ya se habia hecho á la misma superioridad la consulta correspondiente, á los recursos encaminados á esta capital por las poblaciones que han de desmembrarse de su provincia, y por la ninguna noticia que se tenia, ya ha venido la Real Cédula que en su oportunidad debió comunicárse y que se echaba menos. En esta virtud y en la de cuanto instruya dicha cópia, puede U. adoptar lo mas conveniente á su situacion, facultades y arbitrios para que por este gobierno se faciliten los mejores cumplimientos de cuanto hasta el presente se le ha prevenido, y que en adelante se prevenga por la misma superioridad.

Dios guarde á U. muchos años.

Trujillo, Enero 15 de 1805.

Vicente Gil de Taboada.

Sr. Gobernador Teniente Coronel D. Diego Calvo.

Jeveros y Febrero de 1805.

Por recibido en este dia, y para mayor brevedad en el despacho, pásese original este expediente, al señor Veedor Pagador General, para que en su vista exponga lo que se le ofrezca.

Calvo.

El infrascrito, Sub-prefecto de esta provincia, certifica: que el anterior contenido es fiel copia del original existente en el archivo de su cargo.

Moyobamba, Julio 29 de 1860.

Agustin Matute

Núm. 8.

COPIA DE LA SUPERIOR ORDEN.

Agregado al Distrito de este Vireynato el Gobierno de Maynas, se suspendió el situado con que era auxiliada la expedicion de limites en el Marañon por la Tesoreria de las cajas de Quito obligada á su contribucion. Con este motivo el Gobernador y Comisario de la expedicion Don Diego Calvo solicitó la continuacion; pero ignorándose en este Gobierno todo lo concerniente á este negocio, encargué al Señor Intendente de Quito me instruyese de ello, y continuase el referido situado, hasta que con conocimiento de causa pudiese hacerlo la Real Hacienda de este Reyno. Las resultas han sido las que verá US. por la adjunta cópia, en que explicándose las cantidades á que asciende anualmente el situado de la expedicion y sus últimas remesas, se apunta la escusa de continuarlo;

con que conformado el dicho Señor Presidente de Quito, me pone en la urjencia de atender inmediatamente á aquel establecimiento del modo mas pronto y capaz de ocurrir á la necesidad en que es factible se halle por la suspension del situado. Ningun arbitrio mas oportuno que el de las cajas de Trujillo por las que y por la via de Moyobamba pueden remitirse con mas prontitud los caudales necesarios al intento. Así lo he determinado y prevengo á US. para su ejecucion. La asignacion anual debe arreglarse á lo que expresan los Ministros de Quito en el informe que contiene la cópia que incluyo para noticia de US. y para que pueda arreglar sus providencias, dando los avisos oportunos al Gobernador de Maynas, á fin de que todo tenga efecto en los términos mas seguros y prontos que exige la gravedad del asunto, que encomiendo á US. con particular encargo.

Dios guarde á US. muchos años.—Lima diez y nueve de Noviembre de mil ochocientos cuatro.

EL MARQUES DE AVILÉS.

Sr. Gobernador Intendente de Jeveros.

COPIA DEL INFORME DE LOS MINISTROS DE LA REAL
HACIENDA DE QUITO.

Sr. Presidente y Superintendente Subdelegado.

Los Ministros de la Real Hacienda informan á US. en obedecimiento del decreto proveido á continuacion del oficio que se le ha dirijido por el Excmo. Sr. Virey de Lima, con fecha ocho de Mayo último: que el gasto de la cuarta partida de division de límites en el Marañon segun el estado en que ha estado la expedicion, desde que se establecieron los individuos de ella en el pueblo de Jeveros donde existen, puede consistir sobre poco mas ó menos, cada año, en veintiseis ó veintisiete mil pesos, inclusa en esta cantidad la de dos mil setecientos setenta pesos dos reales, que disfruta el Gobernador de la Provincia que es el primer Comisario de la partida, bajo cuyo cálculo se han hecho en estos últimos tiempos las remisiones de caudales de esta Tesorería, con rebaja de lo que han importado las consignaciones hechas de sus sueldos por algunos empleados de la caja de la expedicion para percibir el dinero en estas, y de las asignaciones que otros han hecho á sus familias residentes en esta ciudad, habiéndose verificado la última remesa en tres de Junio de mil ochocientos uno, en solo la cantidad de veinte mil pesos, habida consideracion á que en fin del anterior de mil ochocientos, quedaron de existencia en dicha caja para los gastos de dicho año, veintiun mil noventa y nueve pesos siete y medio reales, con los cuales, y con las consignaciones que allí se ejecutan se estimó habria caudal suficiente para ocurrir á los gastos de aquel año y el de ochocientos dos, con algun residuo para el de ochocientos tres en que correspondia se hiciese otra remesa, lo cual no se verificó, porque obedecida en 19 de Febrero la Real Cédula de 15 de Julio de 1802, en que S. M. se dignó agregar al Virenato de Lima el Gobierno y Comisaria General de Maynas con los pueblos del Gobierno de Quijos, se consideró, se contribuiria del Erario de aquel Reino, los caudales necesarios para auxilio de la citada expedicion. En la actualidad no se presentan otros á aquella partida que el del dinero; porque aunque por el año de 1778 en que tuvo principio la expedicion, se facilitaron de esta Tesorería cuantos efectos y viveres se estimaron necesarios, se hacian despues las provisiones, parte de ellas del Gran Pará, y parte de la Provincia de Jaen, hasta que retirada al pueblo de Jeveros en la Mision alta de Maynas, acordó el actual comisario se hiciesen los acopios en Moyobamba, persuadido á que eran mas prontos por aquella parte, segun se practica de presente: de lo que se deduce, que será menos arriesgada la reunion de caudales por la misma ruta de Moyobamba, si el Excmo. Sr. Virey de Lima se sirve comunicar su superior órden á las cajas de Trujillo para que de aquel Erario se hagan estos gastos.

Los Ministros informantes se hacen cargo de que es ventajosísima la necesidad de auxiliar con algunos caudales la caja de expedicion, para que se atienda á los mas prontos gastos, pero deben hacer presente á US. que es de ninguna consideracion el tiempo que puede adelantarse, si se atiende á las dificultades que hay que superar en el tránsito por tierra de esta ciudad al puerto de Napo; cuyo camino las ofrece muy arduas en la presente estacion, que es la del mas recio invierno en la Montaña, apronto de balsas para bajar este Rio, y proporcion de buque de seguridad para subir el del Marañon, á que se agrega que desmembrado este Erario en circunstancias en que no cuenta con los caudales de Guayaquil, que engrosan considerablemente las situaciones que de estas cajas se remiten á las de Cartajena, será menos la remesa del presente año, quizá con mayor perjuicio del servicio del Rey, si se desatienden las urjencias de aquella interesante plaza, cuya consideracion parece exije, se dé cuenta de todo al Excmo. Sr. Virey del Reyno, para que su inmediata superioridad resuelva lo que estime por conveniente; como si US. lo juzga conforme, podrá ejecutarlo, ó resolver lo que sea de su superior agrado.

Contaduría de Quito y Junio 7 de 1804.

JUAN BERNARDINO DELGADO Y GUZMAN. —GABRIEL FERNANDEZ DE UREINA.

DECRETO.

Quito 7 de Junio de 1804.

Vista al Señor Fiscal

CARONDELET.

Ante mí—LOSA.

VISTA FISCAL.

Señor Presidente Superintendente.

El Fiscal dice, puede US. mandar se remita este expediente á la Superintendencia General, para su resolucion, como exponen los oficiales reales, cuyo informe reproduce; pero entretanto para que el Excmo. Señor Virey de Lima con conocimiento de las dificultades que ofrece el auxilio que pide, y la poca ó ninguna ventaja que de él puede resultar, tome oportunamente las medidas que su justificacion tuviese por conveniente, le parece puede US. mandar que con testimonio del citado informe y de la providencia que dictáre, se conteste á dicho Excmo. Señor Virey el recibo de su oficio de 8 de Mayo próximo pasado, y la necesidad de esperarse la resolucion de la Superintendencia General del Reino

Quito, Junio 11 de 1804.

IRIARTE.

DECRETO.

Quito, Junio 12 de 1804.

Como parece al Señor Fiscal, sáquese testimonio del expediente, y póngase corriente en Secretaría para el presente correo.

CARONDELET.

Ante mí—LOSA

Es fiel cópia del informe de los Señores Oficiales Reales de estas cajas, y vista del Señor Fiscal que obra en el expediente seguido sobre la materia, á que en lo necesario me remito. En cuya fé lo firmo, en Quito y Junio 18 de 1804.

IGNACIO DE LOSA—Escribano de S. M, de Real Hacienda y Superintendente.

Es cópia, así lo certifico.

SIMON RABAGO.

DECRETO.

Trujillo, Diciembre 1º de 1804.

Guárdese y cúmplase la superior órden que antecede, con arreglo á la cópia que se incluye, y sin embargo de no tenerse en este Gobierno é Intendencia instruccion ni noticia alguna, relativa á este negocio, y sin perjuicio de la consulta hecha antes de ahora al Excmo. Señor Virey, acerca del establecimiento del Gobierno de Maynas; pásese original este expediente á los Señores Ministros principales de Real Hacienda, para que tomando razon de él, lo tengan presente y cumplan en su oportunidad la provision y remesa de los caudales que se señalan para el socorro de la expedicion de límites del Marañon, y fecho, devuelto que sea á la Secretaria, agréguese cópia de la citada consulta, y fórmese un expediente para todas las ocurrencias subsecuentes, y comunicándose dicha superior órden al Señor Gobernador de Maynas Don Diego Calvo en el inmediato correo con cópia de ella, espérese su contestacion para acordar el tiempo, medios y forma en que hayan de prestarse dichos socorros y contéstese dando cuenta á S. E. de esta providencia.

Gil—Una rúbrica del Señor Asesor General.

OTRA SUPERIOR ORDEN.

Despues de lo que advertí á US. en 19 del presente, sobre caudales con que debian esas cajas socorrer la expedicion de límites del Marañon, he recibido oficio del Señor Presidente de Quito, en que me avisa haber mandado aprontar diez y seis mil pesos, y que saldrian en breve para aquel destino. Lo prevengo á US. para su gobierno en el particular, en inteligencia de que sin embargo de dicho auxilio, queda subsistente mi providencia citada, para lo demas que comprende.

Dios guarde á US. muchos años.
Lima y Noviembre 21 de 1804.

El Marques de Aviles.

Señor Gobernador de Trujillo.

DECRETO.

Trujillo, Diciembre 1º de 1804.

Agréguese á sus antecedentes, y corra lo mandado con esta fecha.

Gil.

INFORME DE LOS SEÑORES MINISTROS
DE REAL HACIENDA.

Instruido este Ministerio de Real Hacienda por las Superiores Ordenes del Excmo. Señor Virey Superintendente General de Real Hacienda, de 19 y 21 de Noviembre del corriente año, y de la cópia certificada que al primero acompaña, de la agregacion hecha al distrito de este Vireynato del Gobierno de Maynas, y suspension del situado con que auxiliaba la expedicion de los límites del Marañon, la Tesorería de las cajas de Quito, obligada antes á su contribucion, y de lo que con este motivo ha pedido el Gobernador y Comisario de dicha expedicion, solicitando la continuacion de aquellos auxilios, como que estos se deben ministrar en lo sucesivo por la Tesorería de nuestro cargo, luego que tenga este Gobierno é Intendencia la instruccion necesaria, y noticia cierta de la cantidad, y tiempos en que se ha de proveer. Para anticipar y prevenir la expedicion de este negocio con las seguridades y ahorros convenientes, son de sentir los Ministros se tome providencia para que los caudales de Real Hacienda que correspondan remitirse á esta caja, de los partidos mas inmediatos al Gobierno nuevamente agregados, se detengan en las administraciones ú oficinas de Hacienda de ellos, precedidas las formalidades establecidas para estos casos. Lo que rinde el partido de Chachapoyas que es el mas inmediato, son catorce mil ochocientos cincuenta y un pesos cinco reales al año, que no cubren las erogaciones indicadas.—El de Lambayeque que consideramos, sigue en proximidad al Gobierno de Maynas, y con facilidad de proveerle, dá de tributos, y tomin veinte y ocho mil treinta pesos, masa suficiente para cubrir aquellas atenciones, segun se dá á entender por el informe de los Ministros de Hacienda de Quito.—Piura que tambien es de los partidos inmediatos, rinde anualmente de tributos treinta y cuatro mil cincuenta y nueve pesos cinco reales.— Los fondos de los dos primeros con todos los productos del de Cajamarca, no éntran en efectivo en esta Tesorería por estar destinados á la compra de tabacos y sus gastos en las factorías de Chachapoyas y Chiclayo, por esta razon, y porque los valores de quintos de plata y oro, y los de azogues se reciben en posta, (que son los únicos ramos pingües de nuestro cargo) escasea mucho la entrada de moneda en esta Tesorería: hacemos á US. presente lo relacionado, á efecto de que instruido, providencie en la materia como hallase por mas conveniente al auxilio y provision anunciada.

Dios guarde á US. muchos años.

Ministerio de Real Hacienda de Trujillo, Diciembre 10 de 1804.

Pablo Portura y Landasuri.   Pedro Calderon.

Señor Gobernador Intendente.

DECRETO.

Trujillo, Diciembre 20 de 1804.

Vista esta representacion, agréguese á su expediente y en cópia certificada, á la que por auto del 1º del corriente se ha mandado comunicar al Señor Gobernador de Maynas, á efecto de que con inteligencia de todo, se faciliten y proporcionen mejor los medios y forma de los socorros enunciados.

Gil.—Una rúbrica del Señor Asesor General.

Es cópia de su original á que me remito.

Trujillo, Enero 11 de 1805.

Firmado—Norberto Manrique—Secretario de la Intendencia.

El Infrascrito Subprefecto de esta Provincia, certifica: que lo anterior es cópia fiel de una trascripcion hecha de Trujillo por Don Norberto Manrique, y la nota original de Taboada.

Moyobamba, Julio 29 de 1860.

Agustin Matute.

Núm. 9.

En consecuencia de la queja promovida por ese Gobierno, sobre que por la Presidencia de Quito se le quiere privar de las facultades que lo competen: se ha dignado la superioridad del Excmo. Sr. Virey, con lo expuesto por el señor Fiscal, resolver lo que comprende la cópia autorizada que dirijo á U. para su inteligencia.

Dios guarde á US. muchos años.

Santa Fé, Junio 21 de 1805.

DOMINGO CAICEDO.

Señor Gobernador de Maynas.

El que suscribe, Sub-prefecto de esta provincia, certifica: que la cópia anterior es sacada de su original, existente en el archivo de su cargo.

Moyobamba, Julio 29 de 1860.

AGUSTIN MATUTE.

Núm. 10.

PARA EL GOBIERNO DE MAYNAS.

UN SELLO REAL DE 1802 Y 1803— HABILITADO PARA LOS AÑOS DE 1804 Y 1805.

VISTA FISCAL.

Excmo. Sr.

El Fiscal de lo civil dice: que los informes del señor Presidente de Quito, fueron dirijidos á V. E. el año de ochocientos uno, en que todavia pertenecia la provincia de Maynas á este Vireinato; pero habiéndosele desmembrado por Real Cédula de quince de Julio de ochocientos dos, y agregado al de Lima: parece que ha cesado el motivo con que se conocia en este expediente. Este fué el concepto del superior decreto de cinco de Febrero de ochocientos tres, por el cual se terminaron otros asuntos de igual clase. Por lo que si V. E. fuere servido, podrá mandar que el presente tenga igual suerte que el segundo; mayormente cuando tanto tiempo que ha corrido no ha reiterado el señor Presidente sus oficios, que es prueba de haberse ya terminado el asunto.

Santa Fé, Mayo veintidos de mil ochocientos cinco.

FRIAS.

DECRETO.

Santa Fé, 29 de Mayo de 1805.

Como lo dice el señor Fiscal, y avísese al señor Presidente de Quito, y al Gobernador de Maynas—Hay una rúbrica.

GALAVIS CAICEDO.

Correspónde con el superior decreto, y vista del señor Fiscal originales, dictados en el expediente promovido por el Gobernador de Maynas, quejándose de que por la Presidencia de Quito, se le quiere privar de las facultades que le competen en el ejercicio de Comisario principal y Gobernador: á que me remito.

Santa Fé, Junio ocho de mil ochocientos cinco años.

DOMINGO CAICEDO.

El Sub-prefecto que suscribe, certifica: que lo anterior es fiel cópia de su original existente en el archivo de su cargo.

Moyobamba, Julio 29 de 1860.

AGUSTIN MATUTE.

Núm. 11.

Trascribo á U. el decreto que he proveído en 12 del corriente mes, sobre crear una compañía completa en esa provincia, para que en su inteligencia, y de pasarse en esta fecha los oficios y órdenes que en él se previenen, cumpla, por su parte, con lo que le pertenece de cuanto en él se dispone.

"Resultando de este expediente la necesidad de establecer en la pro-
" vincia de Maynas, una fuerza bastante para que, distribuida en los
" puestos y objetos indicados por su Gobernador Don Diego Calvo,
" en su representacion número 55, se atienda no solo al buen órden
" y mejor administracion de aquel distrito, sino tambien á la repul-
" sa de cualquiera usurpacion que en todo tiempo puede hacerse con-
" tra los legítimos derechos del soberano: se creará una compañía de
" infantería, compuesta en el todo de un capitan, con el sueldo de sesenta y
" dos pesos al mes; un teniente con el de cuarenta, un subteniente con el
" de treinta y dos; un sarjento primero con el de diez y seis, tres segundos
" con el de catorce; cinco cabos primeros con el de doce, cinco idem segun-
" dos con el de once, y tres tambores con el de once; y ciento dos solda-
" dos con el de diez, inclusos los que existen en dicha provincia, con los
" nombres de partidas de expedicion y de escolta; para lo cual y ha-
" biendose retirado á Quito la compañía veterana formada en Guayaquil

"el año de 1768, como agregada á las tres creadas en aquella Presiden-
"cia en el de 771, para proveer en destacamento á esta última plaza
"de la guarnicion necesaria, se escribirá al señor Presidente que con
"consideracion á la urgencia de tropas en Maynas, á la dificultad y au-
"mento de gastos que causaria reclutarla y remitirla desde aquí, al ahor-
"ro que resultaria á la Real Hacienda, escusando el costo que habrá de
"causar la que se debe establecer, y al servicio que resultaria en su
"mas pronta llegada á Maynas, se servirá, si no tiene inconveniente,
"destinar para allí la que se retiró de Guayaquil, procurando en lo po-
"sible que los soldados sean casados; en la inteligencia, que los res-
"pectivos sueldos y prest, se han de satisfacer por el Erario de este
"Reino; y que de lo contrario auxilie con todos sus arbitrios y facul-
"tades la recluta que haya de hacerse en el distrito de su mando, por
"disposiciones del Gobernador de Maynas, á quien comunicará sus
"resoluciones en el uno ú otro caso, para que proceda con arreglo á las
"resultas, que tambien se servirá participar á este Gobierno, á fin de
"poder librar con todo conocimiento las providencias que á cada uno
"correspondan, de las cuales no admitiendo demoras el pronto auxi-
"lio de dinero, ya sea para el inmediato pago de la compañía si se
"remite desde Quito, ya sea para que pueda procederse á la recluta, en-
"ganches y entretenimiento de la gente que se vaya afiliando: y corres-
"pondiendo con corta diferencia el aumento de este gasto total á la can-
"tidad de trece mil pesos; se prevendrá al Señor Gobernador Intendente
"de Trujillo, que, á la mayor brevedad posible, los envíe á disposicion del
"Gobernador de Maynas, en el modo que está resuelto para el situado
"de la misma Provincia, y cuidando de que tenga el mas pronto efecto
"esta disposicion, que se transcribirá á Calvo para que por su parte
"anticipe todas las disposiciones que estime convenientes, indicando
"oportunamente todo lo que conceptúe propio de las facultades de esta
"superioridad. con claridad y demostracion sobre cada uno de los pun-
"tos contenidos en esta providencia, para evitar la confusion que siem-
"pre acompaña en sus principios á los nuevos establecimientos, y fijar
"de un modo sólido el de la tropa á que se dirije y cuyos pagos, ves-
"tuario y armamento serán determinados cuando se reciban las noticias
"que deben preceder, del mismo modo que la creacion del nuevo vee-
"dor que solicita en su representacion número 57, luego que explique
"las atenciones que deban encomendársele y el sueldo que habrá de
"contribuírsele."

      Dios guarde á U. muchos años.
 Lima, 14 de Julio de 1806.
      Firmado—El Marques de Aviles.
Señor Gobernador de Maynas.

 El infrascripto Subprefecto de la Provincia certifica: que el contenido anterior, es cópia fiel y exacta de su original existente en el archivo
de su cargo.—Moyobamba, Julio 29 de 1860.
      Agustin Matute.

Núm. 12.

El Señor Excmo. Señor Virey del Reino, con fecha 19 de Marzo del presente año, se ha servido conferirme el nombramiento de Teniente General de Gobernador de esta Provincia, por la grave indisposicion de la salud de mi padre, lo que pongo en noticia de US, para que en caso de que se sirva impartirme sus superiores órdenes, obedecerlas gustoso.
   N. S. guarde á US. muchos años.
Santa Rosa del Napo y Setiembre 1º de 1806.
               JUAN MIGUEL MELO.
Señor Gobernador Gomandante General D. Diego Calvo.

El Subprefecto que suscribe, certifica: que la anterior copia es fiel y exacta, sacada del original existente en el archivo de su cargo.
  Moyobamba, Julio 29 de 1860.
              AGUSTIN MATUTE.

Núm. 13.

Con esta fecha he proveido en el expediente de su asunto, el decreto siguiente, que trascribo á US. para su inteligencia y cumplimiento en la parte que le toca.

"A fin de que los reclutas que, en virtud de las providencias y encargos de esta superioridad, á los Señores Presidente de Quito y Gobernador de Maynas, tengan oportunamente los oficiales, armamento, correage y vestuario con que ha de establecerse la compañía mandada crear en aquel destino: nombro para capitan de ella á D. Miguel Funoll, que lo es en la actualidad del Regimiento de Infantería de Milicias de Aragon de Jauja: para Teniente á D. José Pimentel, que ejerce funciones de Alferez veterano, con sueldo en el Regimiento de Dragones de Milicias de Lima, de que es Cadete: y para Subteniente á D. Miguel Cosio, que hace las veces de Ayudante y Capitan de llaves de la plaza del Callao. Líbresele á cada uno el correspondiente título, y prevéngaseles se dirijan á la mayor brevedad á su destino, acompañados de los tres sargentos segundos, cinco cabos primeros y cuatro segundos, cuyos nombramientos se dispondrán por el Señor Sub-inspector General, en los individuos que ha ofrecido facilitar de su Regimiento el Señor Coronel del Real de Lima, asi como el de sargento primero en favor de José de la Guerra, que lo es segundo de la partida nombrada, antes en Maynas de expedicion, quien sin embargo permanecerá en esta capital hasta nueva providencia. Prevéngase al Sr. Comandante de Artillería, franquée inmediatamente las especies que indica en su precedente informe [excepto las cartucheras y porta-bayonetas] para que se conduzcan custodiadas por los individuos antes mencionados, con las seis resmas de papel de Bulas para cartuchos, que entregarán los Ministros de Real Hacienda, los mismos que con prévio acuerdo del Capitan Funoll, dispondrán la compra y armadura de los sombreros, de vestuario con galon amarillo, que corresponde á la tropa que señala el decreto de 12 de Julio último, entregándose todo á dicho Capitan bajo recibo y cuenta instruida para constancia. Comuníquese esta providencia al Señor Gobernador de Maynas para su gobierno, con encargo de que facilite en Quito por sí y de cuenta de Real Hacienda, á pagar en esta capital ó por aquella veeduría, con cuenta formal para su oportuna liquidacion, la fábrica ó compra de ciento treinta cartucheras y cien porta-bayonetas, cuyo costo, á mas del ahorro de conduccion, se considera allí menos gravoso; practicándose lo mismo con el vestuario, compuesto de casaca, chaleco y pantalon (ó calson si es mas conveniente) de "maon azul", con solapa, collarin y vuelta encarnada, ésta con partezuela larga y cuatro botones dorados, y forro encarnado, bajo la misma cuenta instruida para el descuento respectivo á cada individuo que lo reciba; advirtiéndole, que por cada plaza que se presente en revista se considere el abono mensual de dos y un tercio reales, en razon de gratificacion de hombres y armas: trascríbase al Señor Sub-inspector General esta providencia, para su gobierno y cumplimiento en la parte que le corresponde; y tomada razon en el Tribunal de Cuentas, y Cajas Reales no solo de este decreto, sino tambien del de 12 de Julio próximo: hágase á S. M. el corrrespondiente informe, con relacion de todo lo conducente á la mejor inteligencia del asunto."

Dios guarde á US. muchos años.
Lima, 1º de Diciembre de 1806.

JPH. ABASCAL.

Es cópia de su original existente en el archivo de la Sub-prefectura de mi cargo, al que me remito en caso preciso.
Moyobamba, Julio 29 de 1860.

AGUSTIN MATUTE.

Núm. 14.

He recibido el oficio de US. de 10 de Diciembre del año próximo pasado, en el que se sirve contestarme á la enhorabuena que le pedí por su ascenso á Coronel de Injenieros, la que ratifico igualmente en la ocasion, deseando á US. sus mayores felicidades. En dicho oficio me dice US. haber pedido al Excmo. Señor Virey del Perú, diese otro destino al caudal sobrante de los tributos de la Provincia de Quijos de mi cargo, que no remitiese á esa caja de expedicion como lo habia dispuesto; pero habiéndose últimamente resuelto por S. E. que los dirija á las de Guayaquil, lo he practicado ya en la mayor parte, y lo participo á US. para su intelegencia y efectos que convengan.

Comunicaré á mi Teniente General de dicha Provincia lo que me previene US., sobre que remitirá el par de grillos con que envió el preso que me enuncia.

La Real Orden que me expresa US. haberse publicado en mi Provincia, prohibiendo el servicio de los indios á los eclesiásticos, no es efectiva, ni se me ha comunicado de ninguna parte; yo no sé como se ha informado á US. sobre este particular, pues siempre la habria puesto en su noticia para tratar de su cumplimiento como su verdadero súbdito.

El conductor de ésta es D. Mariano Basantes que pasa á ese destino conduciendo la cantidad de diez mil pesos que este Señor Presidente remite de auxilio á esa expedicion.

Mi salud no está restablecida; pues llevo hasta ahora una alternativa de mejoría y peoría, subsistiendo siempre el mal principal que es la disentería, que ya parece no quiere dejarme hasta destruirme por entero. Pero de cualquier suerte puede contar US. conmigo en cuanto pueda servirle, y comunicarme sus preceptos, seguro de mi pronta y verdadera obediencia.

Dios guarde á US. muchos años.

Quito, Enero 5 de 1807

Firmado—DIEGO MELO DE PORTUGAL.

Señor Comandante General y Coronel de Injenieros D. Diego Calvo.

El que suscribe Sub-prefecto de esta Provincia, certifica: que el anterior contenido es cópia fiel del original que existe en el archivo de su cargo.—Moyobamba, Julio 29 de 1860.

AGUSTIN MATUTE.

Núm. 15.

Visto últimamente en el Real Acuerdo por voto consultivo el expediente sobre abandono del pueblo de Jeveros y sus insidencias, ha proveido el auto que, con el decreto consiguiente traslado á US., para su intelijencia y puntual cumplimiento.

"En la ciudad de los Reyes del Perú en 12 de Setiembre de 1808. Estando en el Real Acuerdo de Justicia los Señores Doctores Manuel Antonio Arredondo y Pelegrin, Marqués de San Juan Nepomuceno, Caballero del Orden de Carlos III del Consejo de S. M., con antigüedad en el Real y Supremo de Indias, Dr. D. Manuel Garcia de la Plata, Dr. D. Juan del Pino Manrique, Dr. D. Manuel María del Valle, Dr. D. Tomás Ignacio Palomeque y Dr. D. José Baquijano, Rejente y Oidores de esta

Real Audiencia, se vió por voto consultivo el expediente sobre el abandono del pueblo de Jeveros y demás insidencias, y fueron de uniforme dictámen: que respecto á haberse pasado por S. E. oficios al Gobernador de Maynas con fecha 12 de Agosto último, para que con motivo de la translacion de la corte de Lisboa al Brasil, dispusiese las fuerzas con que se hallase al mejor estado de defensa y al Reverendo Obispo Dr. Fray Hipólito Sanchez Ranjel, en 22 del mismo, previniéndole la mala inteligencia que habia dado al que se le dirijió en 16 de Setiembre del año próximo pasado, sobre que informase en órden al abandono del pueblo de Jeveros y demas insidencias, tomando toda la instruccion necesaria; podrá S. S. siendo servido mandar se esperen las respectivas contestaciones y que se repita otro al referido Gobernador para que dé el debido y mas puntual cumplimiento á lo determinado en antes de 14 de Agosto, 25 de Enero y 27 de Marzo de 1806, 22 de Mayo de 1807 y 4 de Enero último en cuanto al buen trato y observancia de la instruccion del Sr. Requena, y que separándose de las tenencias de Quijos y de Iquitos á D. Juan Melo y D. Narciso Melo vuelva el expediente á la vista de los Señores Fiscales, para que formen los respectivos cargos al Teniente José Guerra que se halla retenido en esta capital, y pidan lo conveniente sobre los dos ya citados; como así mismo en órden á lo que últimamente tienen solicitado los empleados de aquella expedicion—y lo acordado: con cuyo dictámen se conformó S. E. y lo rubricó con dichos Señores, de que certifico."

Lima, Octubre 5 de 1808.

"Guárdese y cúmplase el antecedente auto proveido por el Real Acuerdo, en voto consultivo; y en su consecuencia, espérense las resultas de los oficios dirijidos al Sr. Gobernador de Maynas é Ilmo. Sr. Obispo de aquella Diócesis en 12 de Agosto último y 22 del mismo, para los fines que se especifican; repitiéndose el que corresponde á dicho Sr. Gobernador, para que dé el mas puntual cumplimiento á lo dispuesto en los autos que se citan, relativos á la exacta observancia de la instruccion de su anterior el Sr. Requena, sin que en ella se haga alteracion alguna, separando inmediatamente de las tenencias de Quijos é Iquitos á D. Juan Melo y D. Narciso Melo y fecho pase todo á los Señores Fiscales, á efecto de que formen los respectivos cargos al Teniente José Guerra, y pidan lo conveniente contra los citados D. Juan Melo y D. Narciso Melo, como así mismo acerca de lo que tienen solicitado, los empleados de aquella expedicion, teniéndose presente lo acordado."

Dios guarde á US. muchos años.

Lima, Octubre 6 de 1808.

Firmado—JOSE ABASCAL.

Es cópia del orijinal.

Sr. Gobernador de Maynas.

El que suscribe, Sub-prefecto de la Provincia, certifica: que lo anterior es fiel cópia del orijinal existente en el archivo de su cargo al que se remite.—Moyobamba, Julio 29 de 1860.

AGUSTIN MATUTE.

Núm. 16.

COPIA.

Hacen cinco correos á que el Sr. Gobernador Comandante de Maynas por la vía de Chachapoyas, me dá aviso desde Jeveros de haber comisionado á U. para que cuidando de los dos Puertos de Santa Rosa y Napo, impida embarcarse para el Marañon y á las Colonias Portuguesas, á toda persona que no lleve el correspondiente pasaporte de este Superior Gobierno, recelando el que puedan profugar por esa vía los de la pasada revolucion de esta ciudad.

D. Juan Naves debia haber atendido que la comision de U. procedia de una superioridad á la que está sujeta ese Gobierno de mi mando; y aunque consiguió por intrigas que el Excmo Sr. Presidente de esta Provincia, por hallarse encargado de esa le confiriese comision para que administre justicia en esos lugares sin perjuicio de sus derechos, que aun este se lo restringe por oficio de 23 del pasado Julio á solo los pueblos de Archidona y Napo; pero nunca pudo haber usado de ella con U. mediante la jurisdiccion con que lo autorizó el Gobierno de Maynas, y mucho menos, en haber hecho uso de la pena aflictiva de la encarcelacion y grillos, y mediante á este abuso, y al recurso de la fuerza de que se ha valido, habiéndole puesto yo la queja al Excmo, Sr. Presidente en oficio de 20 del presente mes; manda S. E. en oficio del mismo dia, que dirijo en esta ocasion al citado D. Juan Naves, que éste dé la debida satisfaccion al Teniente D. Mariano Jacome y á U., y que remitiéndome con toda prontitud las importancias de tributos que se ha entremetido á cobrar, no ejerza jurisdiccion en lo sucesivo absolutamente en ninguno de los lugares de esa Provincia, lo que servirá á U. de gobierno.

Mediante á que por las violencias de Naves ha tenido que profugar el Teniente D. Mariano Jacome, sin haber en el dia quien administre justicia en esa Provincia en caso necesario, atendiendo á la existencia de U. en esos lugares, comisiono á U. por ahora, para que en el entretanto providencie lo conveniente, administre justicia en calidad de Teniente de Gobernador, sin permitir el que ningun otro ejerza jurisdiccion; proporcionándoles los indios que necesiten para su mas pronto viaje por el correspondiente flete, á los hijos de D. José Miño, mediante á que su existencia es perjudicial en esa Provincia.

Nuestro Señor guarde á U. muchos años.—Quito y Setiembre 23 de 1810.

DIEGO MELO DE PORTUGAL Y CARRASCO.

Sr. Teniente D. Juan Santiago Chavez.

COPIA.

El Gobernador de esa Provincia D. Diego Melo me ha expuesto, haber estorbado U. á su Teniente D. Mariano Jacome el que haga cobranza del ramo de tributos, por decir corresponderle á U. como Gobernador interino.

Mi oficio de 23 de Julio último no se redujo á nombrarlo tal Gobernador interino, sino solo á que U. administre justicia en las demandas que ocurran, sin perjuicio de los derechos del Gobernador de los que no me es facultativo privarle sin órden de la Superioridad que corresponde, que es la del Sr. Virey del Perú: en cuya consecuencia no podrá U. embarazar á dicha cobranza, como tambien que el citado Jacome haga justicia en los demas lugares de esa Provincia, en que no puede U. estar presente por convenir así al buen órden y servicio del Rey.

Dios guarde á U. muchos años.—Quito, 23 de Julio de 1810.

EL CONDE RUIZ DE CASTILLA.

Señor Don Juan Naves.

Son fieles cópias de sus orijinales.—CHÁVEZ.

El Sub-prefecto que suscribe, certifica: que lo anterior es fiel cópia de otra existente en el archivo de su cargo.—Moyobamba, Julio 29 de 1860.

AGUSTIN MATUTE.

Núm. 17

Señor Gobernador y Comandante General de Maynas y sus agregados.

Doy parte á US. como habiendo llegado en el mes de Abril del presente año del pueblo de Suno en el Rio Napo, me informaron dos indios los mas racionales de Aguarica, de los acaecimientos en el tiempo de mi ausencia lo que ya participé á US., y habiéndome informado de que el Sr. Correjidor de Mocoa nombrado por el Ilustre Cabildo de Pasto, indagaba por mí para prenderme, suponiendo era yo insurjente, que habia entregado este pueblo á quien no tenia jurisdiccion en él; luego me ví con el Sr. Gobernador de Quijos y me impartió lo mismo. En este caso, copié la Real Cédula, y con oficio bien circunstanciado se la dirijí al mencionado Correjidor, previniéndole que en consecuencia de la Real determinacion, en el acto cese tener jurisdiccion en estos pueblos y en los de las misiones altas del Putumayo. Llegó este oficio á sus manos, mas hasta aquí no me dá respuesta.

En atencion á que por falta del Sr. Virey de Santa Fé está gobernando el Excmo. Sr. Presidente de Quito el Cabildo de Pasto y Popayan, le diriji un oficio comunicándole á S. E. que había venido Teniente nombrado por la Comandancia de Maynas, á cuyo Gobierno toca todo este territorio hasta las cabeceras del Rio Putumayo, y le pedí á S. E. pasase oficio al Sr. Correjidor de Mocoa con copia de la Real determinacion, para que en esa virtud entregue el Cabildo de Pasto estos territorios al Gobierno y Comandancia General, y supliqué que para evitar disputas se sirva S. E. mandar se rejistre en los archivos la mencionada Real Orden, y con ella le exhorte al referido Cabildo y demas Señores para que observe la Real determinacion de S. M., y se dé el debido cumplimiento; y me contesta S. E. con fecha 26 de Julio del presente año, que la Real Cédula que le cito ser de 15 de Julio de 1802 no se encuentra en el archivo, y que la hará buscar en las Secretarías de Camara, y entónces me avisará.

Me pide S. E. informe de todos los territorios y rios hasta donde corresponden á cada una de las Gobernaciones, y me advierte lo haga al Excmo. Sr. Virey del Perú; hasta la fecha se hallan ignorantes de la Real Orden en Quito, Pasto y Popayan, yo no lo he querido hacer aunque tengo inteligencia de todos estos territorios y confines de los rios pertenecientes al Gobierno de US. y doy parte á US. para que si gusta lo haga con su autoridad, y entónces solo podrán legar el Cabildo de Pasto estos pueblos al mando de US. y hasta entonces se hallan sujetos á dicho Cabildo, yo aunque me hallo mandando el pueblo, intertanto resuelva US. lo que espero se sirva US. hacer lo mas breve que pueda, á fin de defender los distritos de su Gobierno.

En oficio fecha 26 de Mayo, le dice el Excmo. Sr. Presidente al Sr. Gobernador de Quijos, que siempre que yo manifestase nombramiento de Teniente por US., pueda gobernar y cobrar los reales tributos desde este año de 1815, y en esa consecuencia me hallo mandando este pueblo, y cobraré los tributos y daré cuenta segun donde US. lo determine.

Los tributarios de este pueblo son treinta, estos pagan á 5 $ por año. Los de San Miguel de Sucumbios son 10, que pagan á los mismos 5 $. Luego mandaré á US. la enumeracion de todos los habitadores de ambos pueblos, y entónces sabrá US. con mas claridad.

El pueblo de San Diego en el Putumayo se halla con la mayor lástima abandonado, y mueren muchas criaturas sin bautismo, no tienen quien les haga rezar ni les enseñen algunos puntos de fé, es necesario un Teniente, y si US. gusta mandar alguno, sea casado y de regular conducta para que los cuide á esos miserables, y no se condenen y se pierdan tantas criaturas que mueren sin bautismos; de este pueblo al Putumayo, tiene de distancia doce dias por tierra y agua, su temperamento tan benigno, pueblo muy abastecido de víveres, sus habitadores de bella índole, cercano á la ciudad de Pasto.

En el Putumayo tiene US. cuatro pueblos de Mision, San Diego de los encabellados, Amaguaje, Mamos y Picudos. Sus habitadores entre cristianos é infieles. Todos estos los debo cuidar el Teniente de San Diego, ó segun US. lo determine.

D. Manuel Rengifo hombre casado y connaturalizado en estos paises, pretende servir en la Tenencia de San Diego, quien se hace merecedor de que se le atienda, por el mérito que contrajo en la reconquista de esta Provincia, que vino de cabo y tomó su licencia en Quito, y me pide solo partícipe á US. su pretencion, y lo hago para que si US. conviene en acceder á darle este empleo, le mande el nombramiento y los derechos los pondré en manos del Sr. Teniente General para que se los remita á US., espero que US. me avise de todo para mi gobierno.

Dios guarde á US. muchos años.—Aguarico 5 de Noviembre de 1815.

MANUEL DE VELAZCO.

Es cópia del orijinal existente en el archivo de la Sub-prefectura de mi cargo, al que me remito en caso necesario.—Moyobamba, Julio 29 de 1860.

AGUSTIN MATUTE.

Núm. 18.

Examinadas las cuentas del ramo de contribucion en la Provincia de Quijos, respectivas á los años de 1813, 14, 15 y 16, que remitió U. á la Contaduría el 5 de Noviembre de 817 por el conducto de D. Andrés Revoredo, segun me lo participa en su oficio de 6 de Enero del año anterior, he resuelto tenga cumplimiento el auto acordado en la junta superior de Real Hacienda, que trascribo á U. para su inteligencia y efectos que en él se expresan.

Lima y Marzo 30 de 1819

" Visto en junta superior de Real Hacienda con lo informado por la
" Contaduría General de Contribucion y por el Real Tribunal de Cuen-
" tas, que reproduce el Sr. Fiscal, declararon que al Sr. Gobernador de la
" Provincia de Quijos D. Manuel Fernandez Alvarez solo debe abonarse
" el cuatro por ciento por la recaudacion, conduccion y entrega en Ca-
" jas Reales de los tributos respectivos á los años 1813, 14, 15 y 16, lo

' que se comunicó á dicho Sr. Gobernador por el Excmo. Sr. Virey Su-
" perintendente, en contestacion á su oficio de 6 de Enero del año pasa-
" do: tomada razon de este auto en la Cantaduría General de Contribu-
" cion, y lo rubricaron, de que certifico."
Hay cuatro rúbricas—SARRIA.
Dios guarde á U. muchos años.—Lima, Mayo 5 de 1819.
JOAQUIN DE LA PEZUELA.

Sr. D. Manuel Fernandez Alvarez, Gobernador de la Provincia de Quijos, absuelto.—Maynas.

El Sub-prefecto que suscribe, certifica: que la copia anterior es sacada de su orijinal, que existe en el archivo de su cargo.—Moyobamba, Julio 29 de 1860.
AGUSTIN MATUTE.

Núm. 19.

SELLO REAL DE FERNANDO VII PARA EL AÑO DE 1819.

EL REY.
Gobernador interino y Comandante General de la Provincia de Maynas. En veinticuatro de Octubre de mil ochocientos siete, se expidió á vuestro antecesor la Real Cédula del tenor siguiente:
El Rey.
Gobernador y Comandante General de la Provincia de Maynas. En carta de dos de Enero de mil ochocientos cinco, dísteis cuenta del lastimoso estado en que se hallan esas misiones totalmente abandonadas por la Provincia de Franciscanos de Quito, de cuyas resultas y por los malos tratamientos que sufrian los indios de los misioneros, os vísteis en la precision de dictar en diferentes tiempos varias providencias, para contenerlos en sus excesos, y separar á los mas escandalosos y perjudiciales, lo que hicisteis presente á mis Vireyes de Santa Fé y Lima y al Presidente de Quito: esperando tuviese á bien aprobar vuestros procedimientos y mandar lo mas conveniente al fomento y bien espiritual de estos mis amados vasallos. Visto en mi consejo de las Indias y teniendo presente lo resuelto por mis Reales Cédulas de quince de Julio de mil ochocientos dos sobre segregacion de ese Gobierno y Comandancia General del Vireynato de Santa Fé, agregándole al de Lima y ereccion de Obispado en la comprension de los territorios que en ellas por menor se expresan: lo que informado por el Comisario General de Indias de la Re-

ligion de San Francisco, por estar á cargo del Colegio de Ocopa todas esas Misiones: lo que así mismo informó el Mariscal de Campo D. Francisco Requena, Ministro de dicho mi consejo y Gobernador Comandante General que fué de esa provincia: y lo expuesto por mi Fiscal: he resuelto que de acuerdo con ese Reverendo Obispo, á quien contemplo ya ejerciendo su Ministerio pastoral, formeis un reglamento sobre los servicios personales que los indios deben prestar á los Misioneros, de suerte que sean los mas indispensables para estos, y los menos onerosos para aquellos, señalando en cada uno de los pueblos el mitayo ó mitayos que hayan de emplearse en buscar al misionero su alimento, cazando ó pescando, mediante á que de otro modo no le podrá tener, siendo el número segun la localidad de las reducciones y el de sus habitantes. Que dicho reglamento sea detallado con la especificacion de lo que en cada particular pueblo deba practicarse para el adelantamiento de la religion, conversion de los infieles, felicidad de los indios y seguridad de esos mis dominios: teniendo presente que un misionero encargado de cincuenta ó sesenta almas, no puede exigir de ellas el servicio que el que tiene á su cuidado dos mil, sin gravámen alguno de los indios, y tambien que para este arreglo tengais en consideracion la diferente calidad de cada reduccion, unas ya tan antiguas, compuestas de todos sus habitantes cristianos, otras de casi todos neófitos recien convertidos á la religion, y algunas de solo infieles catecúmenos: debiendo ser muy diferente en cada una de estas las cargas que á los indios se debe imponer, como así mismo los socorros temporales que les debe suministrar la obligacion y caridad de sus respectivos misioneros. Que así el reglamento, como toda disposicion que acordeis con ese Reverendo Obispo para fijar el mejor gobierno en servicio de Dios y mio, de esas misiones sujetas á vuestro mando, con arreglo á lo resuelto en mi citada Real Cédula de quince de Julio de mil ochocientos dos y colocadas por tan varios y distintos rios, separadas unas de otras por dilatados desiertos y compuestas de diferentes naciones, lo remitireis á mi Virey de Lima, para que con parecer del Fiscal y voto consultativo de aquella mi Real Audiencia, lo apruebe y disponga se observe interinamente, hasta que dándome cuenta con todos los documentos, recaiga mi Real aprobacion, como se lo prevengo por cédula de esta fecha, encargándole al propio tiempo trate y acuerde lo que mas convenga sobre el medio mas pronto y seguro de que esos misioneros reciban sus respectivos sínodos: estimulando eficazmente al Colejio de Ocopa á que cumpla con exactitud la obligacion que se impuso, del buen servicio de esas misiones. Todo lo cual os participo, para que dispongais con la brevedad posible, tenga el debido cumplimiento en la parte que os toca, en inteligencia de que en esta fecha se expide igual Cédula á ese Reverendo Obispo. Fecho en San Lorenzo á veinticuatro de Octubre de mil ochocientos siete.

YO EL REY.

Por mandato del Rey Nuestro Señor—SILVESTRE COLLAR.

Con motivo de haber representado ese Reverendo Obispo cuanto le ha parecido conveniente para el fomento espiritual y temporal de los habitantes de esos pueblos de misiones: me hizo presente mi Consejo de Indias su dictámen en consulta de diez y nueve de Junio de mil ochocientos diez y ocho, y notando de sin embargo de haber trascurrido mas de once años, se ignoraba lo que hubiese practicado en cumplimiento de lo mandado en la inserta Cédula: he resuelto repetirosla, para que como estrechamente os lo encargo ejecuteis lo que en ella se previene: en inteligencia de que así los misioneros como el Reverendo Obispo deben continuar disfrutando de los mitayos y del servicio personal que han acostumbrado hacer los indios, hasta que yo determine otra cosa, luego que evacueis lo mandado, y lo verifiquen ese Reverendo Obispo y mi Virey del Perú, segun se les previene con esta misma fecha. Dado en Madrid á diez y siete de Junio de mil ochocientos diez y nueve.

YO EL REY.

Por mandató del Rey Nuestro Señor—Estevan Varea.

Tres rúbricas.

Duplicado al Gobernador de Maynas. Encargándole el cumplimiento de lo mandado en la Cédula inserta, sobre formacion de un reglamento para el mejor servicio y fomento de aquellos pueblos de misiones.

Moyobamba, 19 de Setiembre de 1820.

Guárdese y cúmplase lo que S. M. manda, y respecto á que el Ilmo. Sr. Obispo se halla ausente de las Diócesis, archívese para cuando regrese.—Carlos Herdoysa—Jose Echavarria.

El infrascrito Sub-prefecto de esta Provincia, certifica: que la cópia anterior es sacada de la Real Cédula autógrafa dirijida por el Rey al Gobernador de Maynas, al que me remito en caso necesario.—Moyobamba, Julio 29 de 1860.

Agustin Matute.

Núm. 20.

Transcribo á US. la siguiente real órden para su puntual cumplimiento.—

Excmo. Sr.

"Con motivo de las dudas ocurridas en la Provincia de Caracas, sobre abonar los sueldos correspondientes á José Quince, sobrestante mayor de fortificacion de Puerto-Cabello, y al escribiente de la misma Comandancia de Injenieros, fundándose el Intendente en no haber recibido directamente las reales órdenes que se comunicaron en 27 de Noviembre del año próximo pasado y 22 de Enero de este, al Capitan General de aquellas Provincias, sobre el mismo asunto–ha resuelto el Rey por punto general, que respecto á què se hallan reunidas las atribuciones de los demas Ministerios, en éste Universal de mi cargo, deban ser cumplidas y obedecidas fielmente por las diferentes autoridades á quienes corresponda, todas las órdenes emanadas de él, que les sean comunicadas en traslado, por la autoridad principal á quien se dirijan.

De Real órden lo comunico á US. para su intelijencia y cumplimiento en la parte que le toca.

Dios guarde á US. muchos años—Madrid 23 de Julio de 1815.

LARDIZABAL.

Sr. Virey del Perú.

Dios guarde á US. muchos años.—
Lima, Enero 2 de 1816.

EL MARQUES DE LA CONCORDIA.

Sr. Gobernador de Maynas.

El infrascrito Sub-prefecto de esta Provincia, certifica: que el contenido es fiel cópia del orijinal que existe en el archivo de su cargo.—Moyobamba, Julio 30 de 1860.

AGUSTIN MATUTE.

Núm. 21.

Conformándome con la propuesta que US. ha hecho para la provision del Gobierno de Quijos, he nombrado en decreto de 10 del corriente al Capitan de Milicias D. Rudesindo del Castillo Renjifo, mandándole expedir el respectivo título, en clase de interino, hasta la resolucion de S. M. en cuya virtud dispondrá US. se posesione de dicho cargo el citado D. Rudesindo, prévias las formalidades de estilo.

Dios guarde á US. muchos años.—Lima, Julio 12 de 1816.

JOAQUIN DE LA PEZUELA.

Señor Gobernador de Maynas.

El que suscribe Sub-prefecto de la Provincia, certifica: que el anterior contenido es fiel cópia de su orijinal existente en el archivo de su cargo.—Moyobamba, Julio 30 de 1860.

AGUSTIN MATUTE.

Núm. 22.

Remita US. cuatro soldados y un cabo de esa Guarnicion, á las ordenes del Gobernador de Quijos para que le sirvan de auxilio en el cobro de la contribucion de naturales, de cuyo ramo ha de satisfacérseles su respectivo prest, desde el dia hasta que fueren pagados por esa Tesorería.

Dios guarde á US. muchos años.--Lima, Mayo 21 de 1817.

JOAQUIN DE LA PEZUELA.

Sr. Gobernador de Maynas.

El que suscribe Sub-prefecto de esta Provincia, certifica: que el anterior contenido es fiel cópia de su orijinal, y que existe en el archivo da su cargo.--Moyobamba, Julio 30 de 1860.

AGUSTIN MATUTE.

SEGUNDA SERIE.

República Peruana.

Moyobamba, Agosto 30 de 1860.

Prefectura de la Provincia Litoral
    de Loreto.

Sr. Ministro de Estado en el Despacho de Relaciones Exteriores.

S. M.

En mi anterior comunicacion, fecha 15 del presente, tuve el honor de anunciar á US. que por el presente correo tendria la satisfaccion de remitir á US. cópias certificadas de algunos de los documentos que con posterioridad á los que marcharon en treinta de Julio, se han encontrado en los archivos de la Sub-prefectura, y que en mi concepto pueden ser de tanta importancia como los primeros, para comprobar los derechos del Perú, al territorio en cuestion.

Consecuente, pues, con mi ofrecimiento, remito á US. cuarenta y seis cópias certificadas, acompañadas con su correspondiente índice.

                Dios guarde á US.
                S. M.
                Carlos T. Stevenson.

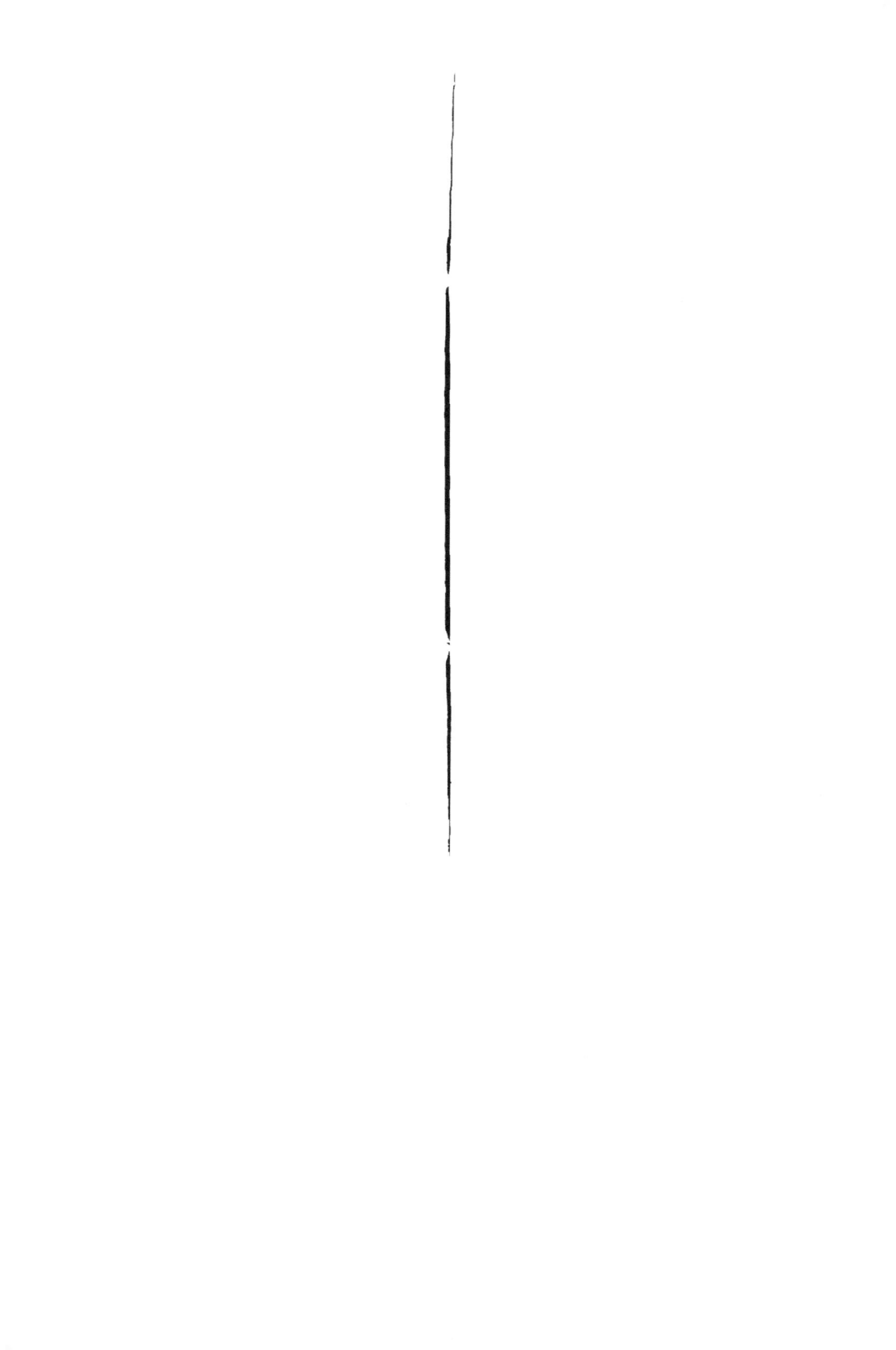

INDICE

De los documentos que en cópia elevo á la Prefectura de Loreto, para que sean remitidos al Supremo Gobierno; pues todos son importantes á la cuestion límites---PERU-ECUADOR.

1803.

Agosto 20— Circular del Gobernador de Maynas, comunicando á los tenientes de su dependencia, que el señor Presidente de Quito le mandó copia testimonial de la Real Cédula de 15 de Julio de 1802, y á continuacion el cúmplase, por varios pueblos.—Núm. 1.

1804.

Febrero 24—Oficia el Baron de Carondelet, al Gobernador de Maynas, dando cuenta de haber pasado al Virey de Lima, el expediente sobre auxilio de dinero pedido por el veedor de la expedicion. — Número 2.

Marzo 19—Carta de Napo, de Antonio Lémus, al Gobernador de Maynas, haciéndo algunas súplicas.—Núm. 3.

Noviembre 3—Oficia la Contaduría de Quito, al Gobernador de Maynas, avisándole haber dado 200 $ á D. Mariano Besantes, conductor de 16,000 $ para auxilio de la expedicion.—Núm. 4.

Noviembre 5—Oficia el Baron de Carondelet, al Gobernador de Maynas, avisándole la prevencion del Virey del Perú, para que socorra, de las Cajas Reales de Quito, á la provincia de Maynas, hasta tanto establece su comunicacion de Lima.—Núm. 5.

1805.

Febrero 22—Oficia el Marqués de Avilés al Gobernador de Maynas, haciéndo observaciones por la solicitud de éste, para que se trasladen á España 17,500 $, que tuvo puestos en las Cajas Reales de Quito.—Núm. 6.

Marzo 13—Oficia el Marqués de Avilés, al Gobernador de Maynas, avisando haber reencargado á Trujillo por la remision del situado y medicinas.—Núm. 7.

Abril 2—Copia de una nota del Gobernador de Maynas, al Intendente de Trujillo, pidiéndole que ponga bajo su jurisdiccion á los pueblos de Moyobamba, Lamas y Tarapoto, con arreglo á la Real Cédula de 1802, cuya órden debió haberse comunicado.—Núm. 8.

Agosto 20—Oficio del Virey de Santa Fé, D. Antonio Amar, al Gobernador de Maynas, comprobando haberse dado el pase á la Real Cédula de 1802.—Núm. 9.

Setiembre 4—Oficia el Marqués de Avilés, al Gobernador de Maynas, avisándole haber dado órden á Trujillo, para la remision de treinta mil pesos.—Núm. 10.

Octubre 23—Oficia el Marqués de Avilés, al Gobernador de Maynas, remitiendo copia de una carta geográfica, para que demarque algunos puntos del territorio.—Núm. 11.

1806.

Marzo 12—Oficia el Marqués de Avilés, al Gobernador de Maynas, con copia del decreto recaido en la representacion del Gobernador de Quijos, para que de la contribucion de esta provincia, deducidos los sínodos de los curas y demas pensiones, remita el sobrante á Maynas.—Núm. 12.

Marzo 14— Oficia el Marqués de Avilés á D. Juan Melo, Teniente Gobernador de Quijos, avisándole haber concedido seis meses mas de licencia al Gobernador de esa provincia, para que se medicine en Quito, nombrándolo en su lugar para que ejerza el mando y recaudo de tributos—Núm. 12.

Julio 19— Oficia el Marqués de Avilés, al Gobernador de Maynas, avisando quedar arreglados los arbitrios propuestos por el Comandante del rio Putumayo, para refrenar las miras de los portugueses.—Núm. 14.

1807.

Enero 14— Oficia el Virey Abascal, al Gobernador de Maynas, aprobando el sueldo que percibe, como Coronel del cuerpo de ingenieros. —Núm. 15.

Agosto 30— Acta del Cabildo de Lamas, sometiéndose al Gobierno de Maynas, con arreglo á la Cédula de 802, y oficios del Intendente de Trujillo, relativos al mismo asunto.—Núm. 16.

Setiembre 23— Oficio del Virey Abascal, al Gobernador de Maynas, desaprobando su conducta, por retencion de haberes de empleados. —Núm. 17.

1808.

Noviembre 15— Escribe de Chachapoyas, D. Mariano Rodriguez al Gobernador de Maynas, recomendando á D. Rudecindo Castillo Renjifo, para que se nombre Gobernador de Quijos, por facultad dada del Virey.—Núm. 18.

1809.

Enero 27— Nombramiento hecho por el Gobernador de Maynas, á D. José Francisco Benites, para su Teniente General.—Núm. 19.

Marzo 28— Oficia el Virey Abascal, al Gobernador de Maynas, avisando haber nombrado Gobernador á D. Tomas Costa y Romeo. —Núm. 20.

Mayo 7— Oficia el Virey de Lima, á D. José Francisco Benites, avisándole el mismo nombramiento.—Núm. 21.

1810.

Febrero 7.— Traslada el Virey Abascal, al Gobernador de Maynas, la Real órden por la que se le faculta nombrar Gobernador interino, para relevar á D. Diego Calvo.—Núm. 22.

Mayo 8— Carta de Mariano Jacome, de Santa Rosa, al Gobernador D. Tomas Costa, sobre varios asuntos del servicio.—Núm. 23.

Mayo 18— Escribe de Santa Rosa, D. Mateo Arce, al Gobernador de Maynas, sobre asuntos relativos á Quijos.—Núm. 24.

Junio 15— Oficia de Capucuy, Juan Santiago Chávez, al Gobernador de Maynas, remitiendo el memorial de una india, para que se le haga justicia.—Núm. 25.

1811.

Mayo 22— Oficia el Virey Abascal, al Gobernador de Maynas, avisándole haber ordenado al Gobernador de Quijos, que con los tributos de esta provincia, pague á un cabo y seis soldados.—Núm. 26.

Diciembre 23— Oficia el Virey Abascal, al Gobernador de Maynas, avisándole el nombramiento de Quijos en D. Manuel F. Alvarez.—Núm. 27.

1812.

Junio 22— Oficia el Virey Abascal, al Gobernador de Maynas, aprobando su conducta contra los insurgentes de Quito que entraron á Quijos.—Núm. 28.

Agosto 21—El mismo, al mismo, sobre el mismo asunto.—Núm. 29.

Setiembre 8.— Oficia el Gobernador de Maynas, á D. José Manuel Oyararte, dándole algunas instrucciones.—Núm. 30.

Setiembre 23— Oficia el Virey Abascal, al Gobernador de Maynas, aprobando la conducta observada contra los insurgentes de Quito.—Núm. 31.

Octubre 23—.El mismo, al mismo, sobre el mismo asunto.—Núm. 32.

1813

Junio 21— Oficia el Virey de Lima, al Gobernador de Maynas, para que

D. Justo Marchena, de Riobamba, comisionado del Presidente de Quito, á la exploracion de minas de oro en Canelos, se le proporcione auxilios los que há menester.—Núm. 33.

1816.

Enero 1º — Oficia el Teniente Gobernador de Aguarico, al Gobernador de Maynas, sobre asuntos importantes á Quijos.—Núm. 34.

Febrero 15 —Oficia de Barranca, D. Juan Náves, al Gobernador de Maynas, avisando de 70 caleños desterrados.—Núm. 35.

Marzo 4— Oficio del mismo, al mismo, relativo á tres prófugos de los mismos.—Núm. 36.

Junio 22— Oficia el Presidente de Quito, al Gobernador de Maynas, avisando haber dado órden al Teniente Gobernador de Pasto, para que deje libre en el ejercicio de sus funciones, al teniente de Aguarico.—Núm. 37.

Diciembre 28— Oficia de Pasto D. Tomas Santa Cruz, al teniente de Aguarico, haciéndole observaciones, por la Real Cédula de 1802.—Núm. 38.

1817.

Enero 2— Oficio de la Contaduría de Lima, al Gobernador de Quijos, acusando recibo de las cuentas de tributos de 13, 14 y 15.—Núm 39.

Febrero 14— Oficia de Aguarico, al Gobernador de Maynas, acompañando otro del teniente de Pasto, que es el número 38 de este índice.—Núm. 40.

Abril 21— Oficia el Virey Pezuela, al Gobernador de Quijos, diciéndole quedar enterado de la entrega del mando de esa provincia, á su sucesor D. Rudecindo C. Renjifo.—Núm. 41.

Junio 26—Solicitud de D. Manuel Mieses, para si hay ó no lugar de darle testimonio á D. Manuel Fernández, de un expediente de contribuciones de Quijos.—Núm. 42.

Julio 7.—Oficia el Gobernador de Maynas, al Tesorero, diciendo que vá para Lima, haciendo uso de su licencia.—Núm. 43.

1818

Octubre 21— Oficia el Virey Pezuela, al Gobernador de Maynas, avisando que nombra Gobernador de esta provincia á D. Antonio Simon. —Núm. 44.

1819.

Junio 8.— Aprueba el Virey Pezuela, el acuartelamiento de treinta milicianos, para castigar á los indios del Napo y Pastaza.—Núm. 45.

Junio 13— Copia de un oficio del Virey de Lima, al Gobernador de Quijos, aprobando la solicitud de varios individuos para su entrada en el Napo y otros rios.—Núm. 46.

Moyobamba, Agosto 28 de 1860.

AGUSTIN MATUTE.

Num. 1.

CIRCULAR.

El Sr. Presidente de Quito con fecha 20 de Febrero de este año, me remite copia en testimonio de la Real Cédula de 15 de Julio del año pasado, por la que S. M. se ha servido mandar que el Gobierno y Comandancia General de Maynas se tenga por segregado del Vireinato de Santa Fé y de la Jurisdiccion de la Real Audiencia de Quito, y agregado al Vireinato de Lima. Y obedecida y dado el cumplimiento debido á dicha Real Cédula, me lo comunica para mi intelijencia. Lo demas que se contiene en dicha Real Cédula, se reduce á que igualmente ha erijido S. M. un Obispado en Maynas que comprende todas sus misiones y las de los Rios Huallaga, Pastasa, Morona, Ucayale, Napo, Putumayo y Yapurá con los Curatos del Gobierno de Quijos (excepto Papallacta), Santiago de las Montañas, Canelos y los de Moyobamba y Lamas &a, extendiendo igualmente la Jurisdiccion del Gobierno y Comandancia General Militar á todos los dichos parajes para que el Gobernador pueda prestar cuantos auxilios estime necesarios. Asi mismo que S. M. ha cometido las Misiones de Maynas que obtiene la Provincia de San Francisco del Quito al Colejio de Propaganda Fide de Ocopa con los Curatos de Lamas y Moyobamba &a. Todo lo que comunico á U. para que así lo entienda, y lo haga entender á los habitantes del pueblo de su cargo, y esta Circular la pase al inmediato pueblo, para que llegue á noticia de todos; y de haberlo así ejecutado, me dará aviso.

Jeberos, Agosto 20 de 1803.

DIEGO CALVO.

Sr. D. Manuel Benito Martinez.

Laguna, 14 de Setiembre de 1803.

Hecho saber lo que contiene esta Real Providencia á todos los habitantes de este pueblo de mi mando.

MANUEL BENITO MARTINEZ.

Chamicuros 15 de Setiembre de 1803.

He hecho saber lo que contiene esta Real Providencia á todos los habitantes de este pueblo de mi mando.

JUAN ORVE.

Yurimaguas 12 de Octubre de 1803.

He hecho saber lo que contiene esta Real Providencia á todos los habitantes de este pueblo de mi mando.

JUAN PABLO VARGAS.

Muniches 15 de Octubre de 1803.

He hecho saber lo que contiene esta Real Providencia á todos los habitantes de este pueblo de mi mando.

JUAN PABLO VARGAS.

Chayabitas 21 de Octubre de 1803.

He hecho saber lo que contiene esta Real Providencia á todos los habitantes de este pueblo de mi mando.

JOSE GABRIEL VARGAS

He recibido y hecho saber á los habitantes de este pueblo de mi mando, lo que contiene esta Real Orden.

Caynaparras 22 de Octubre de 1803.

DOMINGO EGAS.

He recibido esta Real Orden y hecho saber á todos los habitantes de este pueblo de mi mando.

Barranca, Octubre 27 de 1803.

JOSE LEANDRO NUÑEZ.

Pinches 15 de Noviembre de 1803.

He hecho saber lo que contiene esta Real Providencia á todos los habitantes de este pueblo de mi mando.

FABIAN VARGAS.

Andoas 18 de Noviembre de 1803.

He recibido esta Real Providencia y he hecho saber á todos los habitantes de este pueblo de mi mando.

FABIAN SEBASTIAN VARGAS.

Canelos.

En 5 de Diciembre de 1803 en esta mision recibo esta Real Providencia, la que se ha hecho saber á todos los naturales de este pueblo.

FR. SANTIAGO RIOFRIO.—Misionero en Canelos.

En 6 dias dias del mes de Enero de 1804, en esta ciudad de San Francisco de Borja, recibo la Real Orden y Providencia, la que se ha hecho saber á todos los vecinos de dicha ciudad.

JUAN ANTONIO TAPIA.

Santiago 10 de Enero de 1804.

He hecho saber lo que contiene esta Real providencia á todos los habitantes de Santiago de las Montañas de mi mando.

JOSE APOLINARIO RODRIGOS.

Certifico: que la cópia anterior es sacada del original que existe en el archivo de la Subprefectura de mi cargo.—Moyobamba, Agosto 20 de 1860.

AGUSTIN MATUTE.

Num. 2.

He pasado al Excmo. Sr. Virey de Lima, para su resolucion, el expediente original sobre el auxilio de dinero pedido por el Veedor de esa Expedicion de Limites, lo que aviso á U. para su intelijencia.

Dios guarde á U. muchos años.--Quito 24 de Febrero de 1804.

EL BARON DE CARONDELET.

Sr. Gobernador de la Provincia de Maynas.

Es fiel cópia de su orijinal que existe en el archivo de mi cargo.

MATUTE.

Num. 3.

Mi venerado Sr. de mi mayor respeto: diciéndome mi apoderado que para la determinacion de la causa de concurso á los bienes del finado Barba, ha pedido US. el Testamento que otorgó en la ciudad de Quito, donde falleció, lo remito en esta fecha, suplicando á US. se digne determinar en justicia este asunto, y con la brevedad que se pueda.

Yo siempre vivo con deseos de estar en esa Provincia, mucho mas en la presente, á vista de que el temperamento de la sierra no adapta á mi salud: y aunque con este designio tengo pasaporte y otros documentos, me ha acobardado la consideracion de que puedan haber hecho alguna impresion los falsos informes que á US. se le han hecho. Lo pongo en la sábia consideracion de US. de cuya notoria y acreditada justicia espero todo alivio, rogando a Dios guarde y dilate la importante vida de US. muchos y felices años en los mayores ascensos.--Napo 19 de Marzo de 1804.

A los piés de US. este sumiso servidor.

ANTONIO LEMUS.

Sr. Gobernador Comandante General Principal D. Diego Calvo.

Es fiel copia sacada de su orijinal que existe en el archivo de la Subprefectura de mi cargo.—Moyobamba, Agosto 20 de 1860.

MATUTE.

Num. 4.

" A D. Mariano Basantes encargado de conducir los diez y seis mil
" pesos que en la ocasion se dirijen como auxilio de esa expedicion, se le
" han entregado doscientes pesos que ha solicitado para ocurrir á los

" gastos del tránsito, lo que noticiamos á U. para su intelijencia, y que
" cuide se le presente la cuenta de su legitima inversion."

Dios guarde á U. muchos años.--Contaduria de Quito y Noviembre 3 de 1804.

JUAN BERNARDINO DELGADO Y GUZMAN.   GABRIEL LUIS DE URBINA.

Sr. D. José Francisco Benites.

Es fiel cópia sacada de su orijinal existente en el archivo de la Subprefectura de mi cargo.--Moyobamba, Agosto 20 de 1860.

MATUTE.

Num. 5.

El Excmo. Sr. Virey de este Reino me ha prevenido socorra á esa Expedicion, con dineros de estas Cajas Reales, entretanto que el Sr. Virey del Perú establece su comunicacion con esa Provincia. En su virtud, he mandado aprontar diez y seis mil pesos que me han parecido suficientes hasta fin del próximo venidero año de 1805, los cuales conduce á su cargo D. Mariano Basantes con la escolta de un cabo y dos soldados de estas Compañias Veteranas, y lo participo á U. para su inteligencia.

Dios guarde á U. muchos años.—Quito 5 de Noviembre de 1804.

EL BARON DE CARONDELET.

Sr. Gobernador de Maynas.

Es fiel cópia sacada de su orijinal que existe en el archivo de la Subprefectura de mi cargo.--Moyobamba, Agosto 20 de 1860.

MATUTE.

Num. 6.

Pasaría en este correo á S. M. la representacion que U. hace, y me dirije con fecha 2 de Enero último, solicitando se trasladen á España los diez y siete mil quinientos pesos que tiene puestos en las Reales Cajas de Quito, si hubiere venido dicha representacion por triplicado, en papel del sello tercero, como está mandado por punto general, y autorizada en debida forma la cópia que la acompaña. Así luego que U. lo ejecute en la forma insinuada, tendrá su instancia el giro que le corresponde.

Dios guarde á US. muchos años.--Lima 29 de Febrero de 1805.

EL MARQUES DE AVILES.

Sr. Gobernador de Maynas.

Es fiel cópia sacada de su orijinal, que existe en el archivo de la Subprefectura de mi cargo.--Moyobamba, Agosto 20 de 1860.

MATUTE.

Num. 7.

En 6 de Diciembre último no podía U. haber recibido la noticia que le comuniqué en 19 de Noviembre anterior, con insercion de mi decreto proveido el mismo dia, para que por las Cajas de Trujillo se le continuasen los socorros y auxilios con que antes de su separacion, fomentaba ese establecimiento la Presidencia de Quito, á que correspondia su territorio. Por eso clama U. con razon por dichos auxilios en su oficio de aquella fecha, y cuyo retardo consistió principalmente en la falta del conocimiento que debia preceder á estas disposiciones, y que ni por U. ni por la misma presidencia se anticipó oportunamente á este Gobierno Superior.

Pero espedito ya el situado annual en virtud de aquella providencia, cuyo cumplimiento reencargó hoy á Trujillo, advierto á U. ocurra á aquella Intendencia por las medicinas y demas auxilios que siendo de pronta urjencia pueda necesitar, y á esta Superioridad por las cosas cuya provision sea indispensable desde esta Capital.

Dios guarde á U. muchos años.—Lima, Marzo 13 de 1805.

EL MARQUES DE AVILES.

Sr. Gobernador de Maynas.

Es fiel copia sacada de su original que existe en el archivo de la Subprefectura de mi cargo.—Moyobamba, Agosto 20 de 1860.

MATUTE.

Num. 8.

Al Intendente de Trujillo con fecha 2 de Abril de 1805.

" En virtud de la Real Cédula de 15 de Julio de 1802, comunicada
" á mi por el Excmo. Sr. Virey del Perú, por la que S. M. se ha servido
" agregar á este Gobierno de mi cargo los Curatos de Moyobamba y La-
" mas, que ha segregado de ese Gobierno é Intendencia de Trujillo del car-
" go de US. á quien igualmente suponia yo, que se le habia hecho saber
" crei que no debia detenerme en imponer de la misma á los respectivos,
" Cabildos de dichas ciudades de Moyobamba, Lamas y el pueblo de Ta-
" rapoto, sin embargo de suponer que US. por su parte lo habia ejecutado
" tambien. Al mismo tiempo que les remití otras órdenes generales que
" me habia comunicado el Excmo. Sr. Virey para que las hiciese saber en
" toda mi jurisdiccion, y las que me parecieron necesarias por mi parte,
" para el buen gobierno, entre las cuales, era una, la de recoger cuantos
" indios é indias de esta Provincia, y con especialidad de este pueblo y
" del de Chayavitas se hallan huidos por aquellas partes, habiendo aban-

" donado muchos á sus mugeres propias y familias, por huir del recogi-
" miento, y entregarse á la ociosidad y el libertinaje, de que disfrutan en
" diferentes parajes de las dichas Provincias, apartados los mas entera-
" mente de oir la predicacion, instruccion y enseñanza de sus propios
" Párrocos y respectivas justicias que ciertamente no les concienten el
" trato y comunicacion ilícita que los mas tienen, viviendo peormente
" que los infieles. Pero como mis cartas no han sido obedecidas por los
" dichos Cabildos, por las razones que á US. le habrán expuesto, ni ten-
" go yo otra mas porque creer que á la dicha Real Cédula se le haya da-
" do cumplimiento, esperimentando á mas de esto, que cada dia son mas
" continuas las emigraciones de estos naturales á las dichas Provincias,
" segun estoy informado, llevados del apoyo y proteccion que se les dis-
" pensa por los unos, y el ningun celo de los justicias para recojerlos,
" por lo que se nota una falta considerable de personas de ambos sexos
" en este pueblo; me ha parecido, es de mi obligacion representarlo á
" US. para que se sirva mandar á los dichos Cabildos, que precisamente
" recorran todas las casas, estancias y parajes en donde se abrigan y
" ocultan tales gentes y sin contemplacion alguna y aun con pena de al-
" guna multa, en caso de contravencion probada, en algun modo las re-
" cojan y remitan á mi disposicion, ó bien mande US. que los tales justi-
" cias suministren todos los auxilios necesarios á las personas que yo re-
" mita con la comision de recoger á las dichas gentes con la instruccion
" de lo que deberán hacer, recordando yo á US. que á mas de estar man-
" dado visitar los Valles y Guaicos para recoger y volver á su poblacion
" los indios, deberán ahora hacer mayor falta en este pueblo, si se veri-
" fica la venida del Ilmo. Prelado de la Provincia, para el cumplimiento
" de cuanto será preciso ejecutar."

" Las atentas espresiones de la carta de US. de 15 de Enero último,
" me hacen confiar en el logro de lo que le suplico, por ser en servicio
" de Dios y del Rey, ofreciendo yo por mi parte, complacer á US. en
" otra igual ocasion que se me proporcione el gusto de servirle."

Dios guarde á US. muchos años.—Jeberos y Mayo 19 de 1805.

DIEGO CALVO.

Sr. Intendente de Trujillo D. Vicente Gil de Taboada.

" La adjunta cópia, lo es de lo que US. me dice con fecha 15 de
" Enero de este año, á la que por mi respuesta de 18 de Febrero próxi-
" mo pasado habrá comprendido US., no he contestado completamente,
" por haberme atenido solo al primer punto que trata de los auxilios, á
" esta partida de Límites de mi cargo, que era á lo que se reduce la có-
" pia adjunta en fojas 4 útiles."

Es fiel cópia de su orijinal.—Moyobamba, Agosto 20 de 1860.

MATUTE.

Num. 9.

El Comandante de Injenieros de Cartagena D. Manuel de Anguiano, me ha pasado el adjunto Real despacho de Coronel de dicho Real Cuerpo expedido á favor de US. y remitido por el Jefe de Estado Mayor, encargándome lo dirija á US. con el cúmplase, si ese Gobierno es dependiente de este Vireinato, ó sin él si corresponde al del Perú. Lo que verifico del segundo modo, celebrando mucho haber tenido esta ocasion en dar á US. la mas gustosa enhorabuena por esta satisfaccion.

Dios guarde á US. muchos años.—Santa Fé, 20 de Agosto de 1805.

ANTONIO AMAR.

Sr. D. Diego Calvo, Gobernador de Maynas.

Es fiel cópia sacada del orijinal que existe en el archivo de mi cargo. Moyobamba, Agosto 20 de 1860.

MATUTE.

Num. 10.

Deseando se hagan efectivos, con la brevedad posible, los auxilios que he mandado se remitan á U. de la Provincia de Trujillo, para esa expedicion de Límites, sin perjuicio de la órden pasada á aquel Sr. Intendente en 13 de Agosto último, que trasladé á U. con la misma fecha; repito hoy á dicho Sr. Intendente le remita sin demora los treinta mil pesos que ha pedido, bien sea de Real Hacienda en comun, ó de la masa de Tributos de los Partidos mas inmediatos á esa Provincia, y lo aviso á U. para su intelijencia.

Dios guarde á U. muchos años.—Lima 4 de Setiembre de 1805.

EL MARQUES DE AVILES.

Sr. Gobernador de Maynas.

Es fiel cópia sacada del orijinal que existe en el archivo de la Subprefectura de mi cargo.—Moyobamba, Agosto 20 de 1860.

MATUTE.

Núm. 11.

Habiendo hallado entre mis papeles un MAPA DEL RIO MARAÑON, y de los principales que en él desaguan que en mis ócios del año 77 copié de otro mapa que vino á mis manos, en que no se hallan especificados los pueblos de Tavatinga, Loreto, San Antonio ni otros, y como aquí es imposible hallar quien me los designe en sus parajes propios, he hecho sacar la cópia que incluyo, con el fin de que U. que sabe su localidad exacta las marque en los parajes propios en que están situados, como tambien de otros Portugueses que tampoco se hallan en esta carta geográfica, y quedándose U. con otro Mapa que podrá copiar, me devolverá el mio con las expresadas adiciones para que de este modo podamos entendernos con alguna mas facilidad.

Por la REAL CEDULA de Execcion de Gobierno y Obispado de Maynas, se convence que nuestra Corte está en inteligencia de que nos corresponde todo lo comprendido desde el orijen de los Rios Guallaga y Yutár y Surua por la parte del Sur, y por parte oriental y del Norte el detefe y el Rio Yapurá; aunque por las noticias que U. me dá infiero que en la parte austral del Marañon se han introducido los Portugueses demasiadamente.—Lima, Octubre 23 de 1805.

Nuestro Señor guarde su vida muchos años.

EL MARQUES DE AVILES.

Sr. Gobernador de Maynas.

Es fiel cópia sacada del original, que existe en el archivo de la Subprefectura de mi cargo.—Moyobamba, Agosto 20 de 1860.

MATUTE.

Núm. 12.

Trascribo á U. el decreto que he proveido hoy sobre representaciones del Gobernador de Quijos, para su intelijencia y gobierno en la parte que le toca.

" Visto con lo informado por la Contaduría General de Tributos,
" contéstese al Gobernador de Quijos sobre sus representaciones núme-
" ros 16 y 20 trascribiéndole dicho informe, y previniéndole que el resi-
" duo del importe de este Ramo deducidos los Sínodos de los Curas y
" demas pensiones que haya estado en costumbre pagar de él, y debe
" continuar pagando hasta tanto que se trate de la reforma de su ma-
" nejo, á cuyo fin se le han pedido las razones respectivas arregladas al
" modelo que se le acompañó con órden de 8 del presente mes; lo tenga
" á disposicion del Gobernador de Maynas, en parte del situado anual
" que debe remitírsele de las Cajas Reales de Trujillo; á cuyos ministros
" igualmente que a esta Superioridad dará oportuno aviso de las canti-
" dades que entregase á dicho Gobernador por esta razon; expresándolo
" con individualidad y distincion en la cuenta que debe rendir á esta
" Contaduria General del Ramo, en la que se tomará cuenta y razon de
" este decreto, que se transcribirá tambien al Sr. Gobernador Intendente
" de Trujillo para su intelijencia y la de aquellos Ministros de Real Ha-

" cienda, y al expresado Gobernador de Maynas para su gobierno; y fe-
" cho agréguese este expediente al número 75,805 de esta materia."
Dios guarde á U. muchos años.—Lima, 12 de Marzo de 1806.
EL MARQUES DE AVILES.
Sr. Gobernador de Maynas.

Es fiel cópia sacada de su original.—Moyobamba, Agosto 20 de 1860.
MATUTE

Núm. 13.

Atendiendo al decadente estado de salud, que me representa hallarse el Gobernador de esta Provincia, para cuyo reparo no han bastado los cuatro meses de licencia que le concedí para que pasase á Quito, le he prorogado seis meses mas, á fin de que en ellos procure su restablecimiento, quedando U. durante su ausencia encargado del mando de la Provincia y de la recaudacion de los Reales Tributos: así se lo he comunicado con esta fecha, y lo aviso á U. para su inteligencia y gobierno.
Dios guarde á U. muchos años.—Lima, 14 de Marzo de 1806.
EL MARQUES DE AVILES.
Sr. D. Juan Melo de Portugal, Teniente Gobernador de Quijos.
Es cópia de su original.
MELO—Firmado.

Es fiel cópia del original que existe en el archivo de la Sub-prefectura de mi cargo.—Moyobamba, Agosto 20 de 1860.
MATUTE.

Num. 14.

Parecen arreglados los arbitrios propuestos por el Comandante del Rio Putumayo D. Santiago Apolinar Bentancur en el parte que U. acompaña á su representacion número 84, para refrenar las proyectadas miras de los Portugueses que refiere; y en su virtud los pondrá U. desde luego, en ejecucion dando cuenta de las resultas.
Dios guarde á U. muchos años.—Lima 19 de Julio de 1806.
EL MARQUES DE AVILES.
Sr. Gobernador de Maynas.

Es fiel cópia sacada del original que existe en el archivo de la Sub-prefectura de mi cargo.—Moyobamba, Agosto 20 de 1860.
MATUTE.

Num. 15.

Absueltas con fecha 9 de Agosto último, cuantas dudas consultó US. en su carta número 115 relativas á su sueldo, y habiendo elejido el de Coronel del Real Cuerpo de Injenieros, segun expresa en su número 149 debe entenderse su abono desde 16 de Febrero del año próximo pasado de 1806, por las razones expuestas en mi citada anterior; lo que servirá á US. de gobierno.

Dios guarde á US. muchos años.—Lima 14 de Enero de 1807.

JPH. ABASCAL.

Sr. Gobernador de Maynas.

Es fiel cópia sacada del original que existe en el archivo de mi cargo.—Moyobamba, Agosto 20 de 1860.

MATUTE.

Num. 16.

" Consecuente con lo que U. me dice en su oficio de 2 de Abril úl-
" timo, y cópia que á él acompaña, he librado las correspondientes ór-
" denes á los pueblos de Lamas, Moyobamba y Tarapoto, para que estén
" sujetos á ese Gobierno de su mando, segun lo resuelto por Su Mages-
" tad en su Real Cédula de 15 de Julio de 1802, sin que en manera al-
" guna tengan que hacer conmigo: así lo manifiesta la adjunta cópia que
" le acompaño: y que en la última parte ya comprenderá U. la sujecion
" de estos individuos al Comando de Chachapoyas, interin otra cosa se
" ordena por la Superioridad."

Dios guarde á U. muchos años.—Trujillo, Julio 15 de 1805.

FELIPE DEL RISCO.

Sr. D. Diego Calvo.

COPIA.

" Por Real Cédula dada en Madrid á 15 de Julio de 1802, ha re-
" suelto S. M. que los pueblos de Moyobamba y Lamas queden sugetos
" á la Comandancia General de Maynas, para confrontar en lo posible
" la jurisdiccion eclesiástica y militar de aquellos territorios; por cuya
" causa, no tiene ya que ver esta provincia de mi mando cosa alguna,
" por estar segregados de la mia y agregados á ese Gobierno de May-
" nas, con quien US puede entenderse en toda materia contenciosa y gu-
" bernativa, sin que para ello tengan que ocurrir á mí, obedeciendo y
" cumpliendo todas sus órdenes y providencias que haya de librar co-
" mo tal su Gobernador."

" Y únicamente les hago presente, que en el interin otra cosa se re-
" suelve por la Superioridad, los tributos de todos esos indios y demas

" gentes sugetas á esa contribucion, deben continuar su pago, como has-
" ta aquí á la Subdelegacion de Chachapoyas, pues en esta parte, no
" queda sujeta esa Provincia á la de Maynas, lo que UU. asi lo pueden
" hacer entender á todos, por medio de una publicacion, que dispondrán
" con el fin de que no aleguen ignorancia, pues para la Recaudacion de
" estos Reales haberes, siempre y hasta nueva providencia deben cum-
" plir todas las providencias que para ello librase dicho Subdelegado de
" Chachapoyas, y de quedar enterado, me darán el correspondiente
" aviso."

Dios guarde á UU. muchos años.—Trujillo, Julio 14 de 1805.

FELIPE DEL RISCO.

" Es cópia de los oficios originales pasados con esta fecha á los pue-
" blos de Lamas, Moyobamba y Tarapoto, para los efectos que expresa
" y declara la Real Cédula citada: de que certifico."

NORBERTO MANRIQUE Secretario.

" El Cabildo justicias y Rejimiento de la Santísima Cruz de la ciu-
" dad de Lamas y sus anexos. Quedan intelijenciados de la Cédula Real
" del Rey Nuestro Sr. que se publicó el dia 24 del corriente, que nos ha
" hecho presente el Sr. Virey de Lima. Y en virtud de lo prevenido, ren-
" didamente manifiestan obediencia á esa Comandancia General de May-
" nas, con el debido acatamiento y sumision postrados á los piés de US.
" Recibimos sobre nuestra corona y consagramos en el centro de nuestro
" corazon como á tan héroe, y recibir US. nuestros homenages que ofre-
" cemos como amantes. Y vijilantes ministros de Su Magestad. Y espe-
" ramos que su angélico pecho abrasado serafin y prudencia de US. se
" sirva dispensarnos las faltas que encontrase en este.

Dios guarde á US. muchos años.—Lamas 30 de Agosto de 1807.
NARCISO GARCIA, Alcalde de primer voto—DIEGO FLORES, Alcalde de segundo voto—EUSEBIO MESA, Alcalde Provincial—EUSEBIO RAMIREZ, Alferez Real—EULOGIO LOZANO, Alguacil Mayor—MARIANO TUERTA, Procurador General—JOSE RAMIREZ, Provincial General—JOSE DE LA ASUNCION TUERTA, Fiel ejecutor.

Sr. Comandante General D. Diego Calvo, en la Capital de Jeberos.

Certifico, que lo anterior es fiel cópia de sus originales que existen en el archivo de mi cargo.—Moyobamba, Agosto 25 de 1860.

MATUTE.

Num. 17

En 14 de Agosto del año próximo pasado ordené á US. rebajase á los empleados de esa Expedicion la carcelería que sufrian, les devolviese sus ropas y demas bienes embargados, y tratase á estos, á los indios y demas vecinos con suavidad; cuyo recibo acusó con fecha 12 de Octubre siguiente, número 150.

Cuando por este principio esperaba se estableciese la tranquilidad de esos habitantes, veo con el mayor desagrado que no cesa US. de hostilizarles, haciéndoles extorciones, y reteniendo á dichos empleados la tercera parte de sus sueldos, en cuya virtud le prevengo que al recibo de esta disponga que inmediatamente se les entreguen las cantidades retenidas, en la inteligencia de que no solo le hago responsable á los perjuicios que reclamen los interesados, por la menor omision en el cumplimiento de esta providencia, sino tambien á cualesquiera otras resultas que esto pueda ocasionar; y de haberlo ejecutado me dará US. cuenta á vuelta precisa de correo.

Dios guarde US. muchos años.—Lima, Setiembre 23 de 1807.

JPH ABASCAL.

Sr. Gobernador de Maynas.

Es fiel cópia sacada del original que existe en la Sub-prefectura de mi cargo.—Moyobamba, Agosto 25 de 1860.

MATUTE.

Núm. 18.

Sr. Gobernador D. Diego Calvo.

Muy Sr. mio de mi mayor atencion: con la ocasion de habérseme noticiado en el presente correo lo resuelto por el Superior Gobierno sobre el retiro de los dos Gobernadores de Quijos é Iquitos y que para proveerlos en otros, se le dá parte á US. en este mismo, por ser preciso sean propuestos por US.: me veo en la precision de suplicarle, por esto, se sirva tener presente á D. Rudesindo del Castillo Rengifo, quien considero desempeñará el cargo del de Quijos á satisfaccion del de US. por su idoneidad, aptitud y buenas intenciones, como lo ha realizado en el desempeño de varias comisiones, bien honorosas y de gravedad, en que ha manifestado el mas eficaz y puntual cumplimiento de las superiores determinaciones, que han sido fiadas á su cuidado.—Igualmente ha dado en esta ciudad notoria prueba de su dedicacion y amor á la justicia á sus semejantes, y al Real Servicio en las veces que habia obtenido el empleo de Alcalde ordinario en que tambien ha suplido el de Subdelegado por algun tiempo manejándose con mucha caridad y rectitud en la administracion de justicia. Tambien está adornado con el título de Capitan de Milicias urbanas por Real patente de Su Magestad; y finalmente no han sido jamás sus procedimientos opuestos á su Ilustre Cuna y cuando esta mi solicitud tenga en el favor de US. el lugar que espero, celebraria mucho se informase de otros sobre las cualidades de este sujeto, porque siendo pariente mio como lo es, y con el deseo de su acomodo por la crecida familia que tiene, temo tocar en la nota de exagerativo, y asi concluyo asegurando á US. cuanto llevo expuesto, y suplicándole se sirva avisarme si no lo lleva en desagrado, tomándose esta molestia, dispensando la importunidad de este su atento Seguro Servidor Q. S. M. B.

MARIANO RODRIGUEZ.

Chachapoyas y Noviembre 15 de 1808.

Es fiel cópia sacada del original existente en el archivo de la Subprefectura de mi cargo.—Moyobamba, Agosto 25 de 1860.

MATUTE.

Núm. 19.

D. Diego Calvo, Coronel del Real Cuerpo de Injenieros del Ejército, Plazas y Fronteras de S. M., Gobernador Comandante General de las Provincias de Maynas y de todas las misiones de los Rios Huallaga, Ucayali, Morona, Pastaza, Bobonaza, Nanay, Napo, Putumayo, Yapura, Yabari &a. del Gobierno de Quijos y de los Curatos de Moyobamba, Lamas y Santiago de las Montañas &a., Comisario Principal de la cuarta partida de division de Límites en el Rio Marañon entre las dos coronas de España y Portugal por S. M. que Dios guarde.—Hallándome en esta frontera muy lejos del centro de la Provincia de mi Gobernacion desde donde poder distribuir mis órdenes: he tenido por bien y aun necesario nombrar un Teniente General mio, que como tal tenga el superior mando sobre los demas Tenientes de los pueblos que se deberán entender con él, quien administrará justicia conociendo de todas las causas civiles y criminales que ocurran, con la limitacion de que en las árduas, antes de ejecutar sus sentencias, me las consulte. Y habiendo recaido este nombramiento en D. José Francisco Benites residente en el pueblo de Jeveros, ordeno y mando á todos los Justicias de mi jurisdiccion que requeridas con este mi nombramiento le reconozcan y tengan por mi Teniente General, cumpliendo sus órdenes como mias propias, y de lo contrario incurrirán en las penas que les impone el derecho en que desde luego les condeno.—Dado en esta Reduccion de Nuestra Señora de Loreto á veinte y seis de Enero de mil ochocientos nueve: firmado de mi mano; en este papel comun por no haber otro, y firmado de testigos á falta de Escribano.—DIEGO CALVO—JOSE MARIA DEL CASTILLO RENGIFO—JOSE GABRIEL VARGAS—JOAQUIN CANSINA.

Nombramiento de Teniente General del Gobierno de Maynas á D. José Francisco Benites.

Es fiel cópia sacada del original que existe en el archivo de la Subprefectura de mi cargo.—Moyobamba, Agosto 25 de 1860.

MATUTE.

Núm. 20.

Habiéndome dado cuenta de la última asonado de esa Provincia el Illmo. Sr. Obispo y el Tesorero D. José Francisco Benites, acompañando éste la carta original que US. le dirijió desde el pueblo de Urarinas con fecha 17 de Enero último sobre este particular; he nombrado al Teniente Coronel del Real Cuerpo de Injenieros D. Tomas Acosta y Romeo, para que pase á encargarse interinamente del mando de ella; y lo aviso á US. á efecto de que le entregue todos los papeles, instrucciones, documentos y demás concernientes á su gobierno, trasladándose US á esta Capital, hasta las resultas de lo que S. M. determine en vista de la cuenta que voy á darle de este nuevo incidente.

Dios guarde á US. muchos años.—Lima 28 de Marzo de 1809.

JOSEPH ABASCAL.

Sr. Gobernador de Maynas.

Es fiel cópia sacada del original que existe en el archivo de la Subprefectura de mi cargo.—Moyobamba, Agosto 27 de 1860.

MATUTE.

Núm. 21.

Está próximo á partir para esa provincia, el teniente coronel de inenieros D. Tomas Costa, á quien he nombrado para que la gobierne interinamente, hasta la resolucion de S. M. y lo aviso á U. para su inteligencia, y á efecto de que á su llegada le entregue todas las cartas que en su número 7 me avisa retener en su poder, por ignorar la existencia del señor Gobernador propietario D. Diego Calvo, y cualesquiera otros papeles concernientes á su cargo.

Dios guarde á U. muchos años.
Lima, Mayo 7 de 1809.

JOSEPH ABASCAL.

Sr. D. José Francisco Benites—Maynas.

Es fiel copia, sacada del original que existe en el archivo de la Subprefectura de mi cargo.
Moyobamba, Agosto 27 de 1860.

MATUTE.

Núm. 22.

Traslado á US. la real órden siguiente, para que le sirva de gobierno y trate de dirigirse á esta capital ó á la Península por la via que mas le acomode.

Excmo. Sr.

"Enterada la Suprema Junta de Gobierno del Reino, en nombre del
"Rey nuestro señor D. Fernando VII, de lo que expuso V. E. en carta
"número 71, se ha servido S. M. resolver que el Coronel D. Diego Cal-
"vo, sea relevado del gobierno de Maynas, por un oficial que nombre
"V. E. y reuna las calidades de buena conducta, prudencia y suficientes
"conocimientos, interin S. M. lo confiere al que sea de su soberano agra-
"do, para que vaya á servirlo en propiedad. Lo comunico á V. E. de real
"órden, para su cumplimiento.
"Dios guarde á V E. muchos años.
"Real Palacio del Alcázar de Sevilla, 12 de Agosto de 1809.
"CORNEL.
"Sr. Virey del Perú."

Dios guarde á US. muchos años.—Lima, 7 de Febrero de 1810.
JOSEPH ABASCAL.

Señor Coronel D. Diego Calvo—Loreto.

Es fiel copia, sacada del original, que existe en el archivo de la Subprefectura de mi cargo.—Moyobamba, Agosto 27 de 1860.
MATUTE.

Núm. 23.

Sr. D. Tomas de Costa y Romeo.—Santa Rosa y Mayo 8 de 1810.

Muy Sr. mio:

Recibí un oficio de US. de 4 de Febrero del presente año, y con este motivo he sabido la buena eleccion que ha hecho la Superioridad en US. de Gobernador y Comandante General de Maynas, con cuya causa me he alegrado muchísimo: aunque sintiendo el no haber sabido de esta nueva, por no ser el primero de los que se han puesto á la disposicion de US.—Me ordena que informe á US. que en que conformidad he cobrado los intereses Reales. Estoy mandando estos pueblos como Teniente. Que así mismo suspenda las remisiones de dicha cobranza á lo del Gobernador D. Diego Melo que se halla en Quito. En atencion á lo primero digo á US. que en virtud de haber sido Teniente del Gobernador D. Diego Melo, he mandado y he recaudado los Reales tributos por espacio de cuatro años, remitiendo á Quito estos intereses. En cuanto á lo segundo, expongo á US. que ya no soy Teniente Gobernador para poder suspender las remisiones á Quito; pues todas estas órdenes, y las mas que se sirviese dictar US. las obedecerá el nuevo Gobernador interino que lo es D. Juan Naves.

Dios guarde por muchos años la vida de US. para la felicidad de esta Provincia, su afectísimo servidor Q. B. S. M.

MARIANO JACOME.

Es fiel cópia sacada de su original que existe en la Sub-prefectura de mi cargo.—Moyobamba, Agosto 28 de 1860.

MATUTE.

Núm. 24.

Sr. D. Tomás Costa y Roméo.

Muy Sr. mio.

El Excmo Sr. Conde Ruiz de Castilla tiene nombrado Gobernador de esta Provincia de Quijos al Sr. D. Juan Naves (por las facultades que dice le ha cometido el Excmo. Sr. Virey del Perú) este sugeto sin atender al demérito de mi persona se dignó conferirme el título de Teniente de esta Provincia con fecha 17 de Marzo del año corriente á pedimento de los indios naturales.—Yo confieso á US. que no ha sido para mí de poco disgusto este nombramiento, porque despues que los Tenientes sirven con exactitud y diligencia á S. M. cada Gobernador que viene nombra á quien quiere, con perjuicio del que se ha empleado en el Real servicio sin nota de su empleo: por esto para ver si yo lo admito, solicito por esta la confirmacion de US. y que en ella exprese el que sin anuencia de esta Comandancia General no puedan los succesores removerme del nuevo empleo, ni del derecho que tenga de obtenerlo.—Yus cuaesitum, este derecho adquirido que los Soberanos mismos lo han mirado siempre como sagrado y del que sin legítima causa no privan jamás al súbdito fiel, me hace temer el verme repentinamente despojado de él por el antojo de acomodar en el enunciado empleo al que no haya contraido el mérito que yo, todo se lo prevengo á US. para que en su vista determine lo de su superior agrado.

Dios guarde la vida de US. los años que necesite para su prosperidad esta Provincia, su atento S. Q. B. S. M. de US.

MATEO ARCE.

Santa Rosa, 18 de Mayo de 1818.

Es fiel cópia de su original.—Mayobamba, Agosto 28 de 1860.

MATUTE.

Num. 25.

" Una india vecina de este pueblo, ha puesto en mis manos un me-
" morial de queja, suplicando ponga en manos de US. para que se haga
" justicia, por lo que remito á US. ese pliego representando á US. que
" es una miserable que está casi arruinada y clamando por su hija."
Dios guarde á US. muchos años.—Capucuy, Junio 15 de 1810.
JUAN SANTIAGO CHAVEZ.

Sr. Gobernador General D. Tomás Costa y Roméo.

Es fiel cópia sacada del original que existe en el archivo de la Sub-
prefectura de mi cargo.—Moyobamba, Agosto 28 de 1860.
MATUTE.

Num. 26.

" Con esta fecha prevengo al Gobernador de Quijos, socorra con el
" caudal de Tributos, al cabo y seis soldados que en carta número 86
" avisa US. haber remitido á sus órdenes.
Dios guarde á US. muchos años.—Lima, Mayo 22 de 1811.
JOSEF DE ABASCAL.

Sr. Gobernador de Maynas.

Es fiel cópia sacada de su original que existe en el archivo de la Sub-
prefectura de mi cargo.—Moyobamba, Agosto 28 de 1860.
MATUTE.

Núm. 27.

" Para que cesen los desórdenes de la Provincia de Quijos que US.
" me representa en carta número 126 y de que instruyen los documen-
" tos que acompaña, he dispuesto que el Capitan de esa compañía vete-
" rana D. Manuel Fernandez Alvarez, pase á servir interinamente aquel
" Gobierno en los términos que le prevengo en la órden que incluyo á
" US. apertoria, para que instruido se la entregue, disponiendo verifi-
" que su viaje á la brevedad posible, dando oportuna cuenta de las re-
" sultas."
Dios guarde á US. muchos años.—Lima, Diciembre 23 de 1811.
JOSEF DE ABASCAL.

Sr Gobernador de Maynas.

Es fiel cópia sacada del original existente en el archivo de la Sub-
prefectura de mi cargo.—Moyobamba, Agosto 28 de 1860.
MATUTE.

Num. 28.

"He recibido la carta de US. de 6 de Mayo anterior y documentos que acompaña relativos á la entrada de los Insurgentes de Quito en la Provincia de Quijos y lo acordado en junta de guerra con ese motivo: y habiendo dicho á US. cuanto estimé oportuno en 10 del corriente y pasado órden con la misma fecha al Sr. Gobernador é Intendente de Trujillo referente á otra de 13 de Abril último, á fin de que repitiese sus providencias para la mas pronta remision del situado de esa provincia, solo debo añadirle que las estrecheces de este erario, sus muchas atenciones, obligan imperiosamente á escusar todo gasto que no sea de la mayor urgencia; por lo que deben limitarse las disposiciones de US. á solo lo indispensable, y por el preciso tiempo de poner á cubierto esos territorios de las tentativas de los Insurgentes, reduciendo luego las cosas al órden regular establecido y redoblándose la vigilancia por todos los gefes y personas encargadas de cualquier mando."

Dios guarde á US. muchos años.—Lima, Junio 22 de 1812.

JOSEF DE ABASCAL.

Sr. Gobernador de Maynas.

Es fiel cópia sacada del original existente en el archivo de la Subprefectura de mi cargo.—Moyobamba, Agosto 28 de 1860.

MATUTE.

Num. 29.

"Estimo arregladas, cuantas providencias me expresa US. en carta número 192 haber tomado para atacar las tropas Insurgentes de Quito, que se han internado en la Provincia de Quijos, segun la deposicion de los soldados que indica: y espero continúe US. librando las demas qué le indique su patriotismo y celo por el mejor servicio, y estime conducentes á mantener en órden y quietud esa Provincia de su mando; sin perder de vista las estrecheces del Erario, é infinitas atenciones que por todas partes nos rodean, para aspirar á la mayor economía y que solo se hagan los indispensables."

Dios guarde á US. muchos años.—Lima, 21 de Agosto de 1812.

JOSEF DE ABASCAL.

Sr. Gobernador de Maynas.

Es fiel cópia sacada del original que existe en el archivo de la Subprefectura de mi cargo.—Moyobamba, Agosto 28 de 1860.

MATUTE.

Núm. 30.

Remito á U. por circular para su inteligencia y satisfaccion, segun en los mismos términos sobre poca diferencia, lo practicado con el Capitan D. Manuel Fernandez, de cuatro cópias de los oficios de contestacion que me dá el Excmo. Sr. Virey del Reyno, quien se declara complacivo por lo dispuesto en órden á las disposiciones tomadas con motivo de la entrada de los Insurgentes de Quito á la Provincia de Quijos, y en vista de ello y del gran proyecto puesto por su órden en planta de ello, y del gran proyecto de arrojar á dichos perturbadores de la paz del territorio fiel á la causa sagrada: de que confia dicho Sr. Excmo. y confio yo y demas desertores á dicha causa, de que nada tengo que decir ni añadir con respecto á la inteligencia militar, honor y valor de que está acompañado, siguiéndose á todo esto la ciega subordinacion y disciplina de esta valiente tropa, é instrucciones que se acordaron, las que deben en lo fundamental servir á U. de norte y guia para su gobierno, considero á U. ya en situacion ventajosa, y con el lucero de que despues de haber venido las mayores dificultades se hallará ya triunfante y tal vez en reunion y junta de la primera division militar, y del Comandante en Jefe de toda la expedicion, el Capitan D. Manuel Fernandez, y por consiguiente en posesion de esa Provincia y territorio del Rey: á continuacion espero y suplico no sea remiso en remitirme noticias ó relaciones de todo lo mas mínimo que ocurra para mi conocimiento y poder propender á socorrer á U. en todo lo accesible que se ofrezca: é igualmente segun así me lo manifiesta el Supremo Jefe del Reyno, á ser sabeedor al Excmo. de todo lo que ocurra: agregándose á esto mis informes fundados sobre el distinguido mérito de su persona de U, y como tambien del Capitan Comandante el expresado Fernandez, y por dichos medios puede igualmente el público fiel hallarse instruido de todo lo demas que ocurra, quien en los mismos términos graduára las presentes circunstancias de los sugetos del honor de su persona y demas individuos militares de estas dos divisiones y general expedicion de la Provincia de Quijos. No me queda la menor duda que U. operará como manifiesto arriba, segun los antecedentes é instrucciones que se acordaron y lleva U. conmigo: y por último procederá en todo y por todo arreglado á ordenanza, y á sus conocimientos militares é infinitos datos imprevistos en el bufete y que solamente se hallan en campaña y en ella misma se resuelven segun los lances y ocasiones por un Comandante ó Jefe de honor y valor.

Dios guarde á U. muchos años.—Jeberos 8 de Setiembre de 1812.

Tomás de Costa y Roméo.

P. D.—para los fines que mas convenga incluyo á U. los dos impresos ó Reales órdenes, para con su influjo y acrisolado patriotismo ponerse en planta y acreditarse la recaudacion tan justa y santa que se manifiesta por el adjunto impreso, con relacion circunstanciada de los contribuyentes.—COSTA.

Sr. D. Juan Manuel Oyararte Teniente y Comandante de la partida del Rio Napo.

Es fiel cópia sacada del original que existe en el archivo de la Subprefectura de mi cargo.—Moyobamba, Agosto 28 de 1860.

MATUTE.

Núm. 31.

" Quedo enterado de cuanto US. me expone en carta número 200 " con referencia á los partes que se han dirijido los Comandantes de las " partidas destinadas á rechazar los Insurjentes Quiteños introducidos " en la Provincia de Quijos: y se lo aviso para su inteligencia."

Dios guarde á US. muchos años.—Lima, Setiembre 23 de 1812.

JOSEHP DE ABASCAL.

Sr. Gobernador de Maynas.

Es fiel cópia sacada del original que existe en el archivo de la Subprefectura de mi cargo.—Moyobamba, Agosto 28 de 1860.

MATUTE.

Núm. 32.

" Con la carta de US. número 206 he recibido los partes de los " Comandantes de la Expedicion dirijida á la Provincia de Quijos contra " los Insurgentes de Quito introducidos alli: y se lo aviso para su inteli" gencia."

Dios guarde á US. muchos años.—Lima, Octubre 23 de 1812.

EL MARQUES DE LA CONCORDIA.

Sr. Gobernador de Maynas.

Es fiel cópia sacada del original que existe en el archivo de la Subprefectura de mi cargo.—Moyobamba, Agosto 28 de 1860.

MATUTE.

Núm. 33.

" El Excmo. Sr. Presidente de Quito en oficio de 22 de Mayo ante-
" rior, me dice haber comisionado á D. Justo Marchena de Riobamba
" para la exploracion de minas de oro de la Mision de Canelos, y lo avi-
" so á US. á fin de que en su inteligencia, disponga que no se le embara-
" ce el egercicio de su comision, antes bien, se le auxilie en lo que pue-
" da conducir al logro del objeto que le ha motivado."

Dios guarde á US. muchos años.—Lima, Junio 21 de 1813.

EL MARQUEZ DE LA CONCORDIA.

Sr. Gobernador de Maynas.

Es fiel cópia sacada del original que existe en el archivo de la Sub-
prefectura de mi cargo.—Moyobamba, Agosto 28 de 1860.

MATUTE.

Núm. 34.

" El Sr. D. Tomás Miguel de Santa Cruz administrador del Real Ra-
" mo de Tributos, me escribe exigiéndome le entregue el tributo perte-
" neciente al de 1815 próximo pasado y como no tengo órden de US.
" para hacerme cargo de dicho tributo, y todavía estar pendiente la en-
" trega de estos pueblos, me veo precisado en entregar á dicho Sr. ad-
" ministrador aunque el Excmo. Sr. Presidente de Quito, tiene dicho
" al Sr. Gobernador de Quijos que pueda yo cobrar dicho año y dar cuen-
" tas á US., este oficio no existe en mi poder, y de ninguna manera tengo
" con que defenderme, y así espero órden de US. é instrucciones de US.
" para arreglarme en ella y apercibir los derechos pertenecientes al Real
" Erario y dar cuenta á US."

" Por el número de tributarios que US. en las listas que incluyo
" quedará informado asciende á la cantidad de doscientos diez pesos, de
" los cuales el administrador tira el 12 por ciento en conducciones de co-
" brador, bogas y otros gastos se menoscaban como 50 pesos, y para
" evitar estos gastos ofrezco y prometo al Rey mi Señor y á US. siem-
" pre que el Cabildo de Pasto entregue estos pueblos al Gobierno de
" US., cobrar los Reales tributos y ponerlos en el pueblo de la Laguna,
" en manos del Sr. Teniente General sin hacerle costo de medio real á
" S. M. y si US. sospechase de mi conducta, pondré la fianza correspon-
" diente, esto es, solo con el objeto de que un número de pesos tan limi-
" tado que producen ambos pueblos no se le siga tanto menoscabo al

" Rey Nuestro Señor por estar sus Reales cajas tan pobres y atrazadas,
" y con la contestacion de US. ejecutaré todo lo que prometo, y daré
" cumplimiento á todo lo que llevo expresado. "

Dios guarde á US. muchos años.—Aguarico 1º de Enero de 1816.

MANUEL DE VELASCO.

Sr. Gobernador y Comandante General D. José Noriega y Chavez.

Es fiel cópia de su original.—Moyobamba, Agosto 28 de 1860.

MATUTE.

Núm. 35.

" Doy parte á US. de la llegada de Macas de setenta caleños des-
" terrados por traidores á nuestro Rey, comprendidos en el alzamiento
" de Santa Fé, segun me lo comunica en carta misiva el Teniente de
" Borja Vicente Perez. "

Dios guarde á US. muchos años.—Barranca y Febrero 15 de 1816.

JUAN DE NAVEZ, Teniente General Interino.

Sr. Gobernador Comandante General de Maynas.

Es fiel cópia del original que existe en el archivo de la Sub-prefectura de mi cargo.—Moyobamba, Agosto 28 de 1860.

MATUTE.

Núm. 36.

" Doy parte á US. de la remision hecha por el Sargento 2º Narciso
" Melo de tres prófugos de los desterrados á Macas por el alzamiento de
" Santa Fé, llamados el uno D. José Joaquin Coyar, de edad de 24 años,
" el otro D. Julian Benitez de edad de 19, y José Joaquín Labrado, mu-
" lato de 28, por su aspecto, naturales: el primero de la villa de Garson,
" Provincia de Santa Fé y los dos últimos de Cali. "

Dios guarde á US. muchos años.—Barranca y Marzo 4 de 1816.

JUAN DE NAVEZ, Teniente General Interino

Sr. Gobernador y Comandante General de esta Provincia.

Es fiel cópia del original que existe en el archivo de la Sub-prefectura de mi cargo.—Moyobamba, Agosto 28 de 1860.

MATUTE.

Núm. 37.

Con arreglo á lo dispuesto por S. M. y consiguiente á la queja que me dirijió el Teniente de Aguarico D. Manuel Velasco, he mandado que el Teniente Gobernador de la ciudad de Pasto, en puntual observancia de la misma Real Cédula que US. me acompaña en cópia, deje en el libre ejercicio de sus funciones al expresado Velasco; tratando igualmente de indemnizarle los perjuicios que le hayan ocasionado.—Lo que aviso á US. en contestacion á su oficio de 5 de Mayo último.

Dios guarde á US. muchos años.—Quito, 22 de Junio de 1816.

TORIBIO MONTES.

Sr. Gobernador y Comandante General de la Provincia de Maynas.

Es fiel cópia del original que existe en el archivo de la Sub-prefectura de mi cargo.—Moyobamba, Agosto 28 de 1860.

MATUTE.

Núm. 38.

Del Teniente de Aguarico.

" Con el oficio de U. de 26 del que acaba, he recibido la cópia simple
" de la Real Cédula despachada en San Lorenzo en 7 de Octubre de
" 1805, para que el Gobernador Comandante General de Maynas con
" acuerdo del Illmo. Sr. Obispo D. Fray Hipólito Sanchez Ranejl asigne
" el terreno de que ha de componerse su Misra formando Mapa de él,
" sobre que repaso: 1º que esta Real Cédula solamente se contrae á la
" Jurisdiccion Espiritual del Obispado de Maynas, sin tocar en nada
" sobre la temporal, Real y secular, debiendo por consiguiente mante-
" nerse ésta en los términos de su cuasi posesion y costumbre, siendo por
" lo mismo, de este territorio el Sucumbios, Aguarico y todos los Pue-
" blos de la Mision alta del Putumayo; respecto de que los efectos
" de las dos jurisdicciones son muy diversos. Asi es, que esta Ciudad en
" lo espiritual corresponde al Obispado de Quito, y en lo temporaral al
" Gobierno de Popayan."

" Repaso lo segundo que aun sobre lo espiritual habla la Real Cé-
" dula de los Pueblos establecidos en lo alto del Putumayo (esto es por
" lo que respecta á estos partidos) y que el Sucumbios y el Aguarico
" no están en el Putumayo, sino el primero en el San Miguel muy dis-
" tante del Putumayo y el Aguarico asi mismo en diverso Rio."

" Repaso lo último que esta Real Cédula, no es la que debe fijar los
" términos aun al Obispado en lo espiritual, sino los que el Gobernador
" Comandante de Maynas con acuerdo del Illmo. Obispo, haya delineado

"en el mapa mandado obrar, y hayan sido aprobados por S. M., lo cual
"no se contiene aquí, y tal vez habria sido cosa muy diversa, como cons-
"taba en otra cópia privada que U. pasó á mi hijo D. Tomás Miguel, en
"que se excluian los Pueblos de Sucumbios de los Frailes de San Fran-
"cisco de la Provincia de Quito, que son los del alto Putumayo."

"Es cuanto puede U. decir al Sr. Comandante General de Maynas
"de mi parte, en virtud de la órden que U. me dice haberle impartido, pa-
"ra que me dirija la cópia de la Real Cédula, conociendo aquellos pueblos
"por territorios de mi jurisdiccion, Real temporal, mientras no se me ha-
"ga constar Real órden contraria: atento, á que lo dispuesto sobre la ju-
"risdiccion espiritual no debe gobernar la otra, como lo he demostrado á
"U. con el ejemplar del Obispado de Quito y Gobierno de Popayan, omi-
"tiendo exhibir pasajes de derecho que lo apoyan, por no ser necesario."

"Yo estimaria desde luego, que se esclareciesen nuestros límites tem-
"porales por la Real autoridad, cuyas providencias no se nos han inti-
"mado hasta ahora. Así evitariamos competencias y querellas perjudi-
"ciales al buen órden que es lo que yo apetezco, sin poder dejar de de-
"fender la gran posesion de mi territorio por las obligaciones que me
"asisten hasta que no llegue el caso del esclarecimiento que apetezco."

Dios guarde á US. muchos años.—Pasto, Diciembre 28 de 1816.

TOMÁS DE SANTA CRUZ.

Sr. D. Manuel de Velazco.

Es fiel cópia del original que existe en el archivo de la Sub-prefectura de mi cargo.—Moyobamba, Agosto 28 de 1860.

MATUTE.

Núm. 39.

"Duplicado.
"Con oficio de U. de 24 de Setiembre de 1816, se han recibido los
"documentos que en él se refieren, y hacen relacion á lo recaudado de
"esos en los años de 1813, 14 y 15. Los dos primeros no son materia de
"la cuenta del ramo que dió principio á su establecimiento en el 3º. De
"este se hará la correspondiente cuenta y abono y de cuanto en su razon
"resulte, y vaya ocurriendo, se darán los avisos oportunos á ese Gobier-
"no para su mejor inteligencia."

Dios guarde á U. muchos años.—Contaduría General de Contribucion de Indios.—Lima y Enero 2 de 1817.

JUAN JOSÉ GUTIERREZ QUINTANILLA.

Sr. D. Manuel Fernandez Alvarez, Gobernador Interino de la Provincia
de Quijos.

Es fiel cópia del original que existe en el archivo de la Sub-prefectura de mi cargo.—Moyobamba, Agosto 28 de 1860.

MATUTE.

Núm. 40.

" En virtud de haberme mandado US. cópia de la Real Cédula de
" la ereccion del Obispado de Maynas, ordenándome la manifieste al M.
" I. Leal y Virtuoso Cabildo de la Ciudad de Pasto, con oficio manifesté
" al Sr. Teniente Coronel Gobernador D. Tomas de Santa Cruz, quien
" hace cabeza en esa Ciudad, y me respónde el oficio que acompaño á
" US. para su inteligencia y gobierno."
" He hecho las posibles diligencias de que se entregue este territo-
" rio á la Comandancia General de US. y todas mis diligencias han sido
" vanas, y US. impuesto en el citado oficio determinará lo que tuviese
" por conveniente."

Dios guarde á US. muchos años.—Aguarico, 14 de Febrero de 1817.

Sr. Gobernador y Comandante General de Maynas.

Es fiel cópia sacada del original que existe en el archivo de la Subprefectura de mi cargo.—Moyobamba, Agosto 28 de 1860.

MATUTE.

Núm. 41.

Por la de U. fecha 31 de Enero, quedo instruido de haber entregado el mando de esa Provincia de Quijos á su sucesor D. Rudesindo del Castillo Rengifo, y que concluido el cobro de los restos pendientes del Ramo de contribucion de Indios, regresará á incorporarse en su compañía de Maynas.

Dios guarde á U. muchos años.—Lima, Abril 21 de 1817.

JOAQUIN DE LA PEZUELA.

Al Capitan D. Manuel Fernandez Alvarez.

Es fiel cópia sacada del original, que existe en el archivo de la Subprefectura de mi cargo.—Moyobamba, Agosto 28 de 1860.

MATUTE.

Núm. 42.

Sr. Gobernador y Comandante General.

Habiendo ocurrido á este juzgado el Teniente Coronel y Capitan Comandante de esta Compañía Veterana D. Manuel Fernandez Alvarez, solicitando se le dé un testimonio de un expediente que promovido ante

US. acerca de tres mil pesos que entregó en estas Reales Cajas, cuando se partió á reconquistar la Provincia de Quijos: suplico á US. tenga la bondad de decirme en contestacion á este, si habrá algun inconveniente por parte del Gobierno en que por algun caso me sea prohibido dar el citado testimonio

Dios guarde á US. muchos años.—Moyobamba y Junio 26 de 1817.

MANUEL DE MIESES.

Sr. D. José Noriega, Gobernador y Comandante General de esta Provincia de Maynas.

Moyobamba y Junio 26 de 1817.

No hay embarazo.—NORIEGA.

Es fiel cópia sacada del original que existe en el archivo de la Subprefetura de mi cargo.—Moyobamba, Agosto 28 de 1860.

MATUTE.

Núm. 43.

Pasando á Lima en uso de licencia temporal que me ha concedido la Superioridad, recae el mando accidental de toda la Provincia, representando mi persona, en el Teniente Coronel D. Manuel Fernandez, desde mi salida hasta el regreso, y lo pongo en noticia de U. para su inteligencia.

Dios guarde á U. muchos años.—Moyobamba y Julio 7 de 1817.

JOSÉ NORIEGA.

Sr. Tesorero veedor D. Estévan de Avendaño.

[De la vuelta]—Salió el Sr. Gobernador D. José Noriega el 12 de Julio de 1817 con licencia temporal de seis meses del Excmo. Sr. Virey del Reyno, sirva de gobierno.

AVENDAÑO.

Es fiel cópia sacada del original que existe en el archivo de la Subprefectura de mi cargo.—Moyobamba, Agosto 28 de 1860.

MATUTE.

Núm. 44.

Traslado á U. el decreto que proveí ayer en el expediente de su asunto, para su inteligencia y cumplimiento.

En consideracion á lo expuesto en esta consulta y al estado deficiente de salud del Sr. Coronel D. José Noriega Gobernador propietario de

Maynas, cuya Provincia necesita en el dia la presencia de un gefe activo y dilijente, concurriendo estas circunstancias en D. Antonio Simon, le nombro interinamente para dicho empleo, con el sueldo de Comandante que disfruta, y la mitad del exceso que corresponde, hasta el completo de la dotacion del Gobierno, y por entero, las gratificaciones de decencia que están designadas por S. M. rebajándose uno y otro del haber que al presente goza el propietario Noriega; libresele el correspondiente título, expídanse las órdenes correspondientes por mi Secretaría de Cámara, y tomándose razon de este decreto en el Tribunal de Cuentas, Cajas Reales, Comisaría de Guerra, dése cuenta á S. M.

Dios guarde á U. muchos años.—Lima, Octubre 21 de 1818.

JOAQUIN DE LA PEZUELA.

Sr. Gobernador accidental de Maynas.

Es fiel cópia sacada del original que existe en el archivo de la Subprefectura de mi cargo.—Moyobamba, Agosto 28 de 1860.

MATUTE.

Núm. 45.

" Convengo en que se acuartelen los treinta milicianos de que me
" trata U. en su oficio número 180, para que releven á los veteranos que
" estan en los destacamentos de esa Provincia y han de trasladarse á
" castigar á los infieles de los rios Napo y Pastaza. "

Dios guarde á U. muchos años.—Lima, Junio 8 de 1819.

JOAQUIN DE LA PEZUELA.

Sr. Gobernador Interino de Maynas.

Es fiel cópia sacada del original que existe en el archivo de la Subprefectura de mi cargo.—Moyobamba, Agosto 28 de 1860.

MATUTE.

Núm. 46.

COPIA.

" En vista de lo que U. expone en su oficio número 25, acompañan-
" do el recurso de D. Anselmo Sanchez, D. Manuel del Castillo Rengifo,
" D. Francisco Ibañez Campo y D. José Velazco, en que solicitan licen-
" cia para el descubrimiento y pacificacion de los Indios Infieles que ha-
" bitan en las riberas del Rio Villano hasta su entrada en el Napo, y
" desde este hasta los de la Coca y Aguarico, ofreciendo costear á sus

" espensas esta laudable empresa dichos individuos, cuya buena con-
" ducta y religion abona U., les concedo desde luego el permiso que pre-
" tenden, con calidad de que han de arreglarse precisamente para el re-
" ferido descubrimiento á las leyes del Título 10, Libro 4º de Indias, y á
" la instruccion que les forme U., cuidando de dar cuenta á este Supe-
" rior Gobierno de las resultas."

Dios guarde á U. muchos años.—Lima 12 de Junio de 1819.

JOAQUIN DE LA PEZUELA.

Sr. Gobernador de Quijos.

Es cópia de su original, así lo certifico.—Napo, Setiembre 13 de 1819.

RUDESINDO DEL CASTILLO RENGIFO.

Es fiel cópia sacada del original que existe en el archivo de la Subprefectura de mi cargo.—Moyobamba, Agosto 28 de 1860.

MATUTE.

TERCERA SERIE.

República Peruana.

Obispado de Chachapoyas.

Chachapoyas á 7 de Agosto de 1860.

Al Sr. Ministro de Relaciones Exteriores.

Sr. Ministro:

Aunque la Cédula Real dada en 1802 fué una ley observada y cumplida desde entónces sobre la division territorial entre el Perú y el Ecuador, por lo que toca á las provincias de Maynas y Quijos, ley que se ha rejistrado diversas veces en nuestros periódicos, invité en meses pasados á uno de los señores Sub-prefectos de Maynas que suministrára á US. los documentos de su archivo relativos á la materia, ofreciéndole yo ayudarle personalmente á buscarlos. Aquel Sub-prefecto dejó pasar desapercibida esta circunstancia.

Pero el señor Sub-prefecto D. Agustin Matute, mas celoso que su antecesor y dando á la cuestion de límites pendiente entre las dos Repúblicas, toda la importancia que merece, ha trabajado asíduamente por adquirir los indicados documentos, y me asegura, en carta particular, que pone á disposicion de US. importantísimos datos por el actual correo.

En cuanto á mí, cumpliendo con la respetable órden de

US., fecha 2 del pasado, recibida en este correo, he hecho sacar por ahora, y sin pérdida de momentos, las cópias certificadas adjuntas. La primera señalada con la letra **A**, es una Cédula Real, fechada en 24 de Octutre de 1807, que corrobora con su intachable testimonio la division de las regiones del Amazonas, hecha en lo político y eclesiástico, por el Monarca Español. La segunda, marcada con la letra **B**, manifiesta que desde 1802 las autoridades política y eclesiástica reconocian el gobierno del Virey de Lima y no la del de Santa Fé. Ultimamente, la tercera que aparece con la letra **C**, es un censo que el Obispo de Maynas formó en 1814 de todos los pueblos de su diócesis, entre los cuales se enumeran los de Canelos y todos los de Quijos de que ha sido despojado el Perú, á saber: Archidona, Napo, Nopotoa, Santa Rosa, Cotapino, Concepcion, Avila, Loreto, Suno, San José y Campú.

Prometo á US. remitirle en el siguiente correo otros muchos datos.

Dios guarde á US.

Señor Ministro:

PEDRO— Obispo de Chachapoyas

A.

El Rey.—Reverendo en Cristo Padre Obispo de las Misiones de Maynas, de mi Consejo. El Gobernador y Comandante General de esa Provincia, en carta de dos de Enero de mil ochocientos cinco, dió cuenta del lastimoso estado en que se hallan esas Misiones totalmente abandonadas por la Provincia de Franciscanos de Quito, de cuyas resultas, y por los malos tratamientos que sufrían los Indios de los Misioneros, se vió en la precision de dictar varias providencias, así para contenerlos en sus excesos, como para separar á los mas escandalosos y perjudiciales, lo que hizo presente en sus respectivos tiempos á mis Virreyes de Santa Fé y Lima, y al Presidente de Quito, esperando me dignase aprobar sus procedimientos, y mandar lo mas conveniente al fomento y bien espiritual de esos mis amados Vasallos. Visto en mi Consejo de las Indias, y teniendo presente lo resuelto por mis Reales Cédulas de quince de Julio de mil ochocientos dos sobre segregacion de ese Gobierno y Comandancia General del Vireynato de Santa Fé, agregándole al de Lima, y ereccion del Obispado en la comprension de los territorios que en ellas por menor se expresan: lo informado por el comisionado general de Indias de la Religion de San Francisco, por estar á cargo del Colegio de Ocopa todas esas Misiones: lo que así mismo informó el Mariscal de Campo Don Francisco Requena, Ministro de dicho mi Consejo, y Gobernador Comandante General que fué de esa Provincia; y lo expuesto por mi Fiscal: he resuelto que ese Gobernador con vuestro acuerdo, como se lo prevengo, con esta fecha, forme un Reglamento sobre servicios personales que los Indios deben prestar á los Misioneros, de suerte que sean los mas indispensables para estos, y los menos onerosos para aquellos, señalando en cada uno de los pueblos el mitayo ó mitayos que hayan de emplearse en buscar al Misionero su alimento cazando ó pescando, mediante á que de otro modo no lo podrá tener, siendo el número segun la localidad de las reducciones, y el de sus habitantes. Que dicho Reglamento sea detallado con la especificacion de lo que en cada particular Pueblo deba practicarse para el adelantamiento de la Religion, conversion de los Infieles, felicidad de los Indios y seguridad de esos mis dominios; teniendo presente que un Misionero encargado de cincuenta ó sesenta almas, no puede exigir de ellas el servicio que el que tiene á su cuidado dos mil, sin grávamen alguno de los Indios, y tambien que para este arreglo tengais en consideracion la diferente calidad de cada reduccion, unas ya antiguas compuestas de todos sus habitantes cristianos, otras de casi todos neofitos recien convertidos á la Religion, y algunas de solo infieles catecúmenos; debiendo ser muy diferentes en cada una de éstas las cargas que á los indios se debe imponer, como así mismo los socorros temporales que les debe subministrar la obligacion y caridad de sus respectivos Misioneros. Que asi el Reglamento, como toda disposicion que acordeis ambos para fijar el mejor gobierno en servicio de Dios y mio, de esas Misiones de vuestro cargo pastoral colocadas por tan varios y distintos rios, separadas unas de otras por dilatados desiertos, y compuestas de diferentes naciones lo remitais á mi Virey de Lima para que con parecer del Fiscal y voto consultivo de aquella mi Real Audiencia, lo apruebe y disponga se observe interinamente hasta que dándome cuenta con todos los documentos recaiga mi Real aprobacion, como se lo prevengo por cédula de esta fecha, encargándole al propio tiempo trate y acuerde lo que mas convenga sobre el medio mas pronto y seguro de que esos Misioneros reciban sus respectivos sínodos; estimulando eficazmente al Colegio de Ocopa á que cumpla con exactitud la obligacion que se impuso. Lo que los participo para vuestra inteligencia y el debido cumplimiento en la parte que os toca. Fecha en San Lorenzo á veinte y cuatro de Octubre de mil ochocientos siete.

YO EL REY.

Por mandado del Rey Nuestro Señor.

SILVESTRE COLLAR.

[Siguen tres rúbricas.]

Al Obispo de Maynas: participándole lo resuelto á cerca de la formacion de un Reglamento para el mejor servicio y fomento de aquellas Misiones en los términos que se expresa.—

Jeberos 6 de Mayo de 1809.

Recibida: pásese oficio al Excmo. Señor Virey del Reyno, suplicando de nuestra parte el pronto cumplimiento de las soberanas intenciones: comuníquese igualmente la órden conveniente al Reverendo Padre Guardian de Ocopa insertándole la antecedente Real Cédula, para su cumplimiento en la parte que le toque.

UNA RUBRICA.

JOSE MARIA PADILLA—Secretario.

NOTA—Se comunicó al Padre Guardian de Ocopa y á este Gobierno.

UNA RUBRICA.

Es copia de la Real Cédula que orijinal se halla archivada en la Secretaría Episcopal, de lo que doy fé de órden superior. Chachapoyas, Agosto 7 de 1860.

MANUEL OBANDO, Notario mayor y de Gobierno.

Es copia.—El Oficial Mayor.

JUAN EZETA.

B.

ORDEN DEL VIREY DE LIMA.

El bando publicado en esta Capital prescribe cuanto debe practicarse en virtud de las superiores órdenes de la Junta Central Suprema de Gobierno de España é Indias, y de la carta acordada del Supremo Consejo, que se insertan: y acompaño á USI. ejemplares á efecto de que á semejanza de lo ejecutado en esta Capital, proceda á su exacto y puntual cumplimiento en la parte que le toca.

Dios guarde á USI. muchos años.

Lima, Marzo 17 de 1809.

JOSE ABASCAL.

Ilustrisimo Señor Obispo de Maynas.

AUTO.

Jeveros 6 de Mayo de 1809.

Recibida la superior órden que antecede en el presente correo con los ejemplares que le acompaña: guárdese, cúmplase y ejecútese lo que se manda con la prontitud que pide un asunto tan interesante á nuestra Santa Religion, á nuestro adorado Soberano el Señor Fernando VII y á la Nacion entera, circulando por Secretaria copias de los referidos ejemplares y lo que se ejecute, á los Vicarios y Curas de nuestra Diócesis para que igualmente observen lo mandado con puntualidad y la posible brevedad por sí, y sus feligreses dando ejemplo de verdaderos cristianos y fieles vasallos de Su Magestad nuestro católico y digno Monarca el Señor Fernando VII derramando sus corazones á los piés de los Altares por la libertad de un Rey tan amable y por el acierto de la Junta Central que gobierna la Nacion en su real nombre hasta el restablecimiento al trono de su Real y Sagrada persona, con todo el esplendor y dignidad que le corresponde; señalándose para el acto del juramento solemne en esta Capital el dia Domingo del que rije, anticipando repiques, luminarias, danzas de los Indios y Misa Pontifical, con la publicacion de los ejemplares recibidos, cantando despues de todo el *Te deum laudamus* con la posible solemnidad á tan augusta ceremonia y en accion de gracias por la instalacion de la Junta Central que gobierna la Nacion á nombre de nuestro dicho amado Soberano y principiando nueve dias de rogativas desde el lúnes siguiente, siendo el primero en público [sin embargo de las que tenemos hechas con nuestra asistencia desde que recibimos los primeros avisos del estado lastimoso de nuestro Soberano y de nuestra Nacion] para implorar la misericordia de Dios, y conseguir la libertad del Rey y todas las personas reales y la felicidad de nuestras almas, y atendiendo á que el Señor Gobernador y Comandante General de esta Provincia, se halla ausente y en considerable distancia á quien es de creer que en este mismo correo se le hayan comunicado iguales órdenes para que no se atrase una diligencia tan importante y tan precisa, pásese oficio al caballero Tesorero, veedor y pagador general de la partida, para que acompañado de los empleados de plana mayor asista los citados dias á las ocho de la mañana: igualmente se pasará el correspondiente aviso á los dos Curas de este pueblo para que avisando á los Indios asistan todos á las mismas horas á prestar el sobredicho juramento y solemnizar la funcion, y sáquese copia autorizada por Secretaria de todo lo actuado para dar cuenta á las superioridades que corresponda.

EL OBISPO.

Por mandado del Obispo mi Señor,

JOSE MARIA PADILLA, Secretario.

CERTIFICACION:

Yo el Presbítero Don José María Padilla, Ministro asistente del Illmo. Señor Obispo de esta Provincia de Maynas Dr. D Fray Hipólito Antonio Sanchez Rangel y Fayas, y su Secretario de Cámara y Gobierno: certifico en la mejor forma que puedo, y debo y haya lugar en derecho á los Señores y demas personas que la presente vieren, como habiendo anticipado repiques de campanas, luminarias y danzas de los Indios, el dia Domingo 7 del presente mes, como á las ocho de la mañana, hallándose juntos y congregados á son de campana en esta Santa Iglesia S. S. I., el clero, los empleados de plana mayor, de la expedicion de límites, los dos Indios Casiques y todo el pueblo, se publicaron los ejemplares recibidos por S. S. I. en el presente correo, comunicados por el Excmo. Señor Comisario General de Cruzada de España é Indias, por el Señor Secretario del Supremo Consejo de ellas, y por el Excmo. Señor Virey y Capitan General de este Reyno del Perú con insercion del bando público en la Capital de Lima: concluido este acto celebró Misa Pontifical S. S. I. que oyeron los circunstantes, finalizada que fué se postró en el Altar é hizo su juramento en voz alta, la que interrumpia su ternura por intervalos, puestas las manos en el Libro de los Santos Evangelios, que pendia de las del Padre Cura de esta Capital, y en los términos que se halla asentado y señalado con el número 1º; incontinenti en el mismo Altar, en las manos de S. S. I. hicieron su juramento el clero, los empleados de Plana-mayor de expedicion, y los dos Casiques [puestas las manos en el Libro de los Santos Evangelios] por sí y su pueblo, en la forma que va señalado con el número 2º, siguiendo con puntualidad el ejemplo de S. S. I.

Habiéndose acabado este acto con la seriedad, ternura y edificacion que pide, proclamó S. S. I. en voz alta al Señor D. Fernando VII. por nuestro legitimo y propio Rey y Señor, á lo que respondió el auditorio vivas, pidió elevasen sus corazones y clamores al cielo, mandandole gracias por la instalacion de la Suprema Junta Central Gubernativa del Reyno y el acierto en sus disposiciones, é igualmente por el restablecimiento de nuestro Augusto Monarca el Señor D. Fernando VII. al trono, obedeciendo las disposiciones de la Suprema Junta que gobierna en su Real nombre, á lo que respondió el auditorio—que obedecería con puntualidad sus órdenes: en seguida se cantó el *Te Deum* con toda solemnidad.—El dia Lunes 8 se principiaron los nueve dias de rogativa, la que ha dado fin hoy dia de la fecha, habiendo sido el primero en público. Todo lo que pongo por diligencia para que conste, en este Pueblo de la Purísima Concepcion de Jéveros á 16 de Mayo de 1809.

JOSE MARIA PADILLA, Secretario.

OFICIO A LOS VICARIOS Y DEMAS CURAS
DE ESTA DIÓCESIS.

Acompaño á Um. los ejemplares que me han dirijido por las Superioridades del Reyno, para que en su obedecimiento, y á ejemplo de lo practicado en esta Capital, constante del testimonio inserto le den Ums. su puntual cumplimiento, dándome el correspondiente aviso con la puntualidad posible.

Dios guarde á Ums. muchos años.

Jeveros 17 de Mayo de 1809.

EL OBISPO.

Señores Vicarios de Moyobamba, Lamas y Quijos y RR. PP. Curas de la Mision alta y baja de Maynas.

Es copia de que certifico.

PADILLA.

NOTA.

Se sacaron testimonios comprensivos desde la superior órden del Excelentísimo Señor Virey del Reyno hasta el oficio circular que anteceden para dar cuenta á las superioridades con los respectivos oficios.

UNA RUBRICA.

COPIA.

Excelentísimo Señor.

Con el oficio de VE. de 17 de Marzo último, he recibido los ejemplares que me acompaña, á cuya consecuencia, he ejecutado por mi parte todo lo prescrito y mandado en ellos, segun y como lo acredita el testimonio que acompaño á VE. para su inteligencia y efectos que convengan.

Dios guarde á VE. muchos años.

Jeveros 26 de Mayo de 1809.

EXCELENTISIMO SEÑOR.

FRAY HIPOLITO Obispo de Maynas.

Excelentísimo Señor Virey D. José Fernando Abascal.

Es copia de que certifico—

PADILLA.

AUTO DEL GOBERNADOR DE QUIJOS.

Don Rudecindo del Castillo Rengifo, Capitan de Milicias de Infantería Española de la Ciudad de Chachapoyas, por Su Magestad y Gobernador Interino de esta Provincia de Quijos, por el Excelentísimo Señor Virey del Reyno.

Por cuanto siendo ya intolerable el abandono con que el R. P. Cura interino de esta Doctrina Fray Mariano Bustamente, mira sus importantes obligaciones con notable perjuicio al culto tan debido á Dios, habiendo puesto todo su connato en entrometerse, abusando de su carácter, en el Gobierno civil con detrimento de la autoridad Real y de los intereses Reales en el ramo de única contribucion, como es público, por los excesos que cometió en tiempo de mi antecesor el Caballero D. Manuel Fernandez Alvarez, y en los catorce meses que resido en esta Provincia, sin que para ponerlo en algun órden á sus deberes le hubiese estimulado mi suavidad y haber procurado en todo lo posible á su mejor conocimiento. Habiendo sobre todo en la presente, como resulta de sus oficios que se agregan á este expediente, ocultado en su casa, diez dias un Religioso lego contraviniendo en las penas del caso, despues de haberlo aporreado denunciándolo comprendido en delito de Lesa Magestad y procedido á su prision: por tanto, y recelando justamente que si no se pone el remedio mas oportuno pueden resultar fatales consecuencias: debia de mandar y mandé que se le pase el oficio correspondiente acerca de sus excesos, quedando copia de él en este expediente, intimándose á las justicias á presencia de su comun de Indios de este pueblo las órdenes correspondientes á su contension. Que asi mismo se remita con la seguridad y custodia conveniente al referido Lego Fray Agustin Sanchez con oficio al Excmo. Fray Presidente de Quito y á cargo del Cabo José Maria Ortiz y del soldado Miguel Tejado: que tambien se agregue á este expediente el oficio pasado por el mismo Señor Don Antonio Lemos y su contestacion por convenir su constancia: últimamente se pase el correspondiente exhorto con lo obrado al Señor Vicario de esta Provincia para que proceda á separar de esta doctrina al mencionado Padre, dirijiéndolo á su convento á la Capital de Moyobamba, dándose cuenta de todo lo referido con testimonio al Excelentísimo Señor Virey del Reyno para su superior inteligencia. Asi lo proveí, mandé y firmé actuando con testigos á falta de Escribanos y en este papel comun por no haberlo de ningun sello; en este pueblo de Napo en catorce dias del mes de Marzo de mil ochocientos diez y ocho años.—

RUDECINDO DEL CASTILLO RENGIFO.

Testigo ANTONIO LEMOS.

Testigo HIGINIO RODRIGUEZ.

INFORME DEL MISMO GOBERNADOR.

Illmo. Señor.

El Superior decreto de USI. á solicitud del Presbítero Don Anselmo Cuesta, Vicario de esta Provincia y Cura de Archidona, sobre que á este y á los demas curas de ella les contribuyan sus feligreses con—*roto*—reales anuales que con título de diezmo—*roto*—los antecesores, y que USI —*roto*—tuvo por conveniente quitarlos, ha originado muchos entables; pues no solo exijen duplicadamente y con anticipacion al Real Tributo, sino que interpretando á su conveniencia dicha superior permision, han impuesto, y cobra el Vicario para casamientos cinco pesos un real, por bautismos dos reales, por dobles ó repiques de campanas cuatro reales, por ofrendas que ha establecido cobra en oro en Napo por padron á todo el comun, y en Archidona en cera y algodon &a: como el renglon de casamientos es el mas pingüe lleva hechos desde Octubre del año próximo pasado en que regresó de Quito mas de sesenta, y cincuenta antes de salir á él obligando por fuerza á este Sacramento á unos párbulos que no tienen edad y sugetando á su voluntad la de los contrayentes, todo á rigor y látigos; con este ejemplo ya se puede considerar que harán los demás curas, prevalidos todos de mi trato suave, sencillo y amistoso por deseo de la tranquilidad, en términos que ya me reputan por un cualquiera, que ni debo ejercer funciones de mi empleo, que creen solamente les pertenece á ellos, segun su manejo y libertad—*roto*—ando ya el caso de que el de este Pueblo primero mandó dar la paz á los cholitos que le ayudan á Misa y despues á mí y los Justicias con notable escándalo de los concurrentes.

De primicia y mitayos causa vergüenza el referir que obliguen por la fuerza á que les contribuyan á su antojo lo que les han asignado, para tener del plátano harto aguardiente y de lo demas su grangería, como sucede en Archidona que por ser aquellos montes escasos de casería se les ha puesto que cada mitayo dé una gallina para tener hartas que vender, ó los dos reales en plata.

En punto á comercio no quisiera ni aun tocar, pues parece que estos Eclesiásticos no han aprendido ni estudian otra cosa, sino en arbitrios de atesorar, valiéndose para ello de unos modos lo mas opuestos á la razon; uno de ellos es obligarlos por la fuerza á que tomen los efectos exponiéndoles en la misma Iglesia que aquellos que no les deban no han de salir nunca del Pueblo; pero parece cosa increible que hay Eclesiástico que hace llevar al Templo de Dios los cajones de cuchillos para darles contra su voluntad á todos los Indios: mas aun hay otra cosa semejante que igualmente parece fábula, que por una sobrepellis que puso al Presbítero Cuesta en la Iglesia de Napo, cuyo valor apenas llegaria.—*roto* —haya cobrado una derrama á todos los —*roto*—sin excepcionar ni aun á las viudas que segun la cuota y el peso excesivo en que recibió el oro, se pudieran haber comprado cuarenta sobrepellices.

Con título de Santos óleos cobró el cura desde cuando fué Vicario un prorateo crecidísimo á cada pueblo, á mas de exijir de todas las demas Doctrinas, con cuya importancia habria alcanzado sobradamente para costear el viaje y los dichos óleos de dos á tres años, y ya en el dia intenta con esos feligreses nueva exaccion con el mismo pretexto, y no es mucho, cuando el Viérnes Santo á los Indios que no dieron en la adoracion, salieron los fiscales con los justicias de casa en casa á cobrarles: de manera, estos Eclesiásticos consideran que los Indios son obligados á darles cuanto les pidan con cualquier pretesto, y sus esclavos para ocuparlos en viajes largos y otros servicios pensionosos y dilatados sin la mas leve gratificacion, no obstante de que saben que los Indios tributarios Llactayos están exentos de toda contribucion y tambien de servicio alguno, á menos que se les pague.

Por estas notorias injusticias, me han reclamado continuamente exponiendo estaban en ánimo de irse á postrarse ante USI. en solicitud de su remedio y les he persuadido no hagan tal cosa por ser un viaje peligroso y dilatado, ofreciéndoles que por medio de mi suavidad y política podria temperar sus padecimientos, pero que he adelantado con dicho mi manejo? el que todos conspirados contra mí: que el de Archidona con su genio tan estraño en un Ministro del Altísimo me trate públicamente en la Iglesia y por oficios con espresiones indignas, infamatorias y denigrativas á mi honor y empleo, llegando al extremo de dirijir sus falsos informes y recursos á USI. y al Excmo. Señor Virey del Reyno, apoyado de un certificado hecho por él, que por mi sencillez y buena fé le firmé persuadido de que era verdadera su falsa amistad. Este desconocimiento tan feo y ageno de un racional, es nada vista su condicion de tratar siempre contra sus benefactores avansándose aun de criticar ridículamente de una esposa que remitió á esa ciudad. El motivo de sentimiento que Esclesiástico supone contra mi es, que cuando ya no tenia con que fomentar sus diversiones en Quito, y aun desavenido con su familia que hubieron sus novedades, quiso venir á la montaña, no fueron prontamente á conducirlo como si tuviese yo la culpa de esto,—roto—hacer yo Illmo. Señor con unos—roto—del trato malísimo que les dió a su salida á los que lo condujeron latigándolos por la mas leve falta, sin permitirles que en los Ranchos se apegasen siquiera á ellos porque él solo dormia con una india que llevó en su compañia y que como por su flete solamente les dió veneno, se escusaban alegando la mucha lluvia que entonces hacia.

No quiero cansar la atencion de USI. refiriéndole otras cosas, que aunque á la vista parecen de menos consideracion, son graves, pues siendo todo mi objeto el descargo de mi conciencia y que por medio de una providencia que debe venir á este Gobierno para que se sepa la determinacion de USI. y pueda estar á la mira de su cumplimiento, se sirva contener á estos Eclesiásticos para evitar de que los Indios desamparen sus pueblos y las fatales consecuencias que de ello resultarian. Basta con lo expuesto, que la prudencia y perspicacia de USI. dispensará por el motivo referido, por el cual y el de verme libre de unos enemigos tan poderosos por la libertad de denigrarme, deseo vivamente dejar este destino cuanto antes.

Nuestro Señor guarde la importante vida de USI. muchos años.

Santa Rosa trece de Mayo de 1820.

ILUSTRISIMO SEÑOR.

RUDECINDO DEL CASTILLO RENGIFO.

Illmo. Señor Dr. D. Fray Hipólito Antonio Rangel y Fayas.

AUTO.

Chachapoyas, Mayo 13 de 1820.

Vistos los Documentos remitidos por Don Rudecindo Rengifo, Gobernador Interino de la Provincia de Quijos, contra el Presbítero Don José Anselmo Cuesta, Vicario, Juez Eclesiástico que sirve interinamente la Parroquia de Archidona, decláranse por atrevidos, groseros y faltos de moderacion y respeto los oficios que dirigió el mencionado Vicario al Gobernador de Quijos, usando nada menos que de un espíritu impropio de su estado, y de la veneracion y aprecio con que debe acatar á los representantes de la autoridad Soberana: en su consecuencia, y con atencion á la naturaleza del caso, y al remedio que exije la paz que tanto conviene haya en aquellos remotos lugares, cumpla el Párroco Don José Anselmo Cuesta, con salir de la mencionada Provincia de Quijos, por equidad dentro de ocho dias precisos, contados desde que se le notifique—*roto*—bajo la pena de excomunion—*roto*—con que se le apercibe á servir la Iglesia de Aguarico hasta que se sustancie esta causa: y que puesto en ella use de su derecho, sobre cuyo particular se le administrará justicia en lo que haya lugar, cometemos esta Providencia al Presbíro Don Francisco Ibañez Cura Interino de la Parroquia de Santa Rosa del Napo para que la haga saber á las partes, sirviendo interinamente la mencionada Parroquia de Archidona y Vicaría de Quijos, hasta que otra cosa se le mande: remítase al Excmo. Señor Virey copia de esta Providencia, y orijinal la queja del Vicario de la Provincia de Quijos contra el Gobernador Interino de ella Don Rudecindo Rengifo para que S. E. en su vista ordene y mande lo que fuere de su superior agrado.

EL OBISPO.   PADILLA.

Son copias sacadas de órden superior.—Chachapoyas Agosto 7 de 1860.

MANUEL OBANDO Notario Mayor y de Gobierno.

Es copia.—El Oficial Mayor.

JUAN EZETA.

PUEBLOS.	Ciudadanos.
Ciudad de Moyobamba	1665
Haciento de Tepelacio	71
Haciento de Abana	95
Haciento de Calzada	131
Haciento de Soritor	88
Hciento de Yantaló	74
Ciudad de Lamas	990
Pueblo de Tabalosos	205
Pueblo de S. Miguel	47
Pueblo de Tarapoto	992
Pueblo de Cunbaza	222
Pueblo de Morales	70
Pueblo de Chasuta	245
Pueblo de Saposoa	599
Pueblos unidos de Pachisa, Pajate, y Solapachi	1500
Valle de Apichunchu	115
Pueblo de Sion	93
Pueblo de Balsayacu	40
Pueblo de Tocachi	99
Pueblo de Huchisa	120
Pueblo de Playa-grade	80
Pueblo de Chico-playa	90
Pueblo de Chagla	65
Pueblo de Muña	55
Pueblo de Yurimaguas, y Muniches	234
Pueblo de Chayabitas	490
Pueblo de Cahuapanas	234
Pueblo de Santiago	90
Ciudad de Borja	40
Pueblo de Barranca	100
Pueblo de Laguna	600
Pueblo de Chamicuros	60
Pueblo de Jeveros	845
Pueblo de Urarinas	105
Pueblo de S. Regis	67
Pueblo de Omaguas	78
Pueblo de Yquitos	51
Pueblo de Orán	40
Pueblo de Pevas	90
Pueblo de Cochiquinas	55
Pueblo de Loreto	60
Pueblo de Santander	20
Pueblo de Pinches	20
Pueblo de Andoas	100
Pueblo de Canelos	70
Pueblo de Archidona	203
Pueblo de Napo	302
Pueblo de Nopotos	20
Pueblo de Santa Rosa	108
Pueblo de Cota-pino	21
Pueblo de Concepcion	181
Pueblo de Avila	120
Pueblo de Loreto	270
Pueblo de Payanino	91
Pueblo de Suno	27
Pueblo de S. José	80
Pueblo de Capucú	70

República Peruana.

OBISPADO de CHACHAPOYAS.

Chachapoyas á 24 de Agosto de 1860

Al Señor Ministro de Estado en el Despacho de Relaciones Exteriores.

S. M.

Continuando la dulce tarea de remitir á US. los documentos que le tengo ofrecidos en defensa de los sagrados derechos de la Nacion, me honro de incluir cópias fieles de las tomas de razon de títulos de párrocos para el servicio de las doctrinas existentes en los territorios Canelos, Quijos y Maynas: documentos que prueban los actos de verdadero dominio que ha ejercido el Perú en aquellos lugares desde que fué expedida la cédula real del año 1802.

Dios guarde á US.

S. M.

Pedro, Obispo de Chachapoyas.

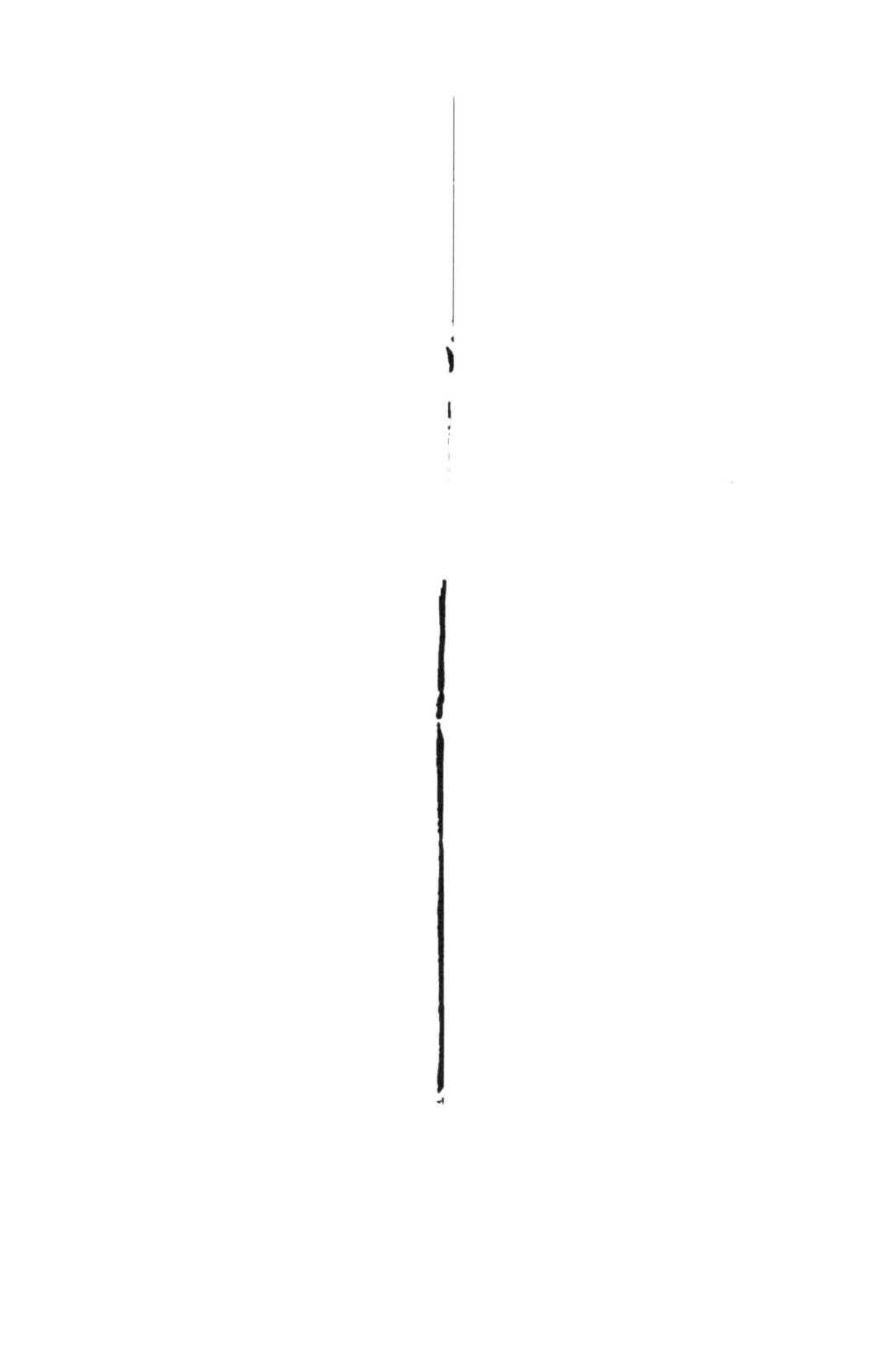

COPIA DE DOCUMENTOS

que prueban victoriosamente la posesion de la República Peruana en las provincias de Maynas, Quijos y pueblos de Canelos.

Num. 1— En la ciudad de la Purísima Concepcion de Jeveros, á los veintisiete dias del mes de Abril de mil ochocientos ocho, se despachó el título de cura doctrinero de los pueblos de la Laguna, Chamicuros y Urarinas al R. P. Fr. Pedro Ampudia. Y para que conste lo firmo— Padilla—Una rúbrica.

Num. 2— En el mismo dia, mes y año, se le despachó el título de cura doctrinero de los pueblos de Omaguas, San Rejis é Iquitos, al R. P. Fr. Pablo Mariño. Y para que conste lo firmo—Padilla—Una rúbrica.

Num 3.— En el mismo dia, se despachó el título de cura doctrinero de los pueblos de Loreto, Pébas y Oran, al R. P. Fr. Márcos Guijarro. Y para que conste lo firmo—Padilla—Una rúbrica.

Num. 4— En el mismo dia, se despachó el título de cura doctrinero de los pueblos de Yurimaguas y Muniches, al R. P. Fr. Juan Paven. Y para que conste lo firmo--Padilla.--Una rúbrica.

Num. 5— En el mismo dia, se despachó el título de cura doctrinero de los pueblos de Caguapanas y Chayabitas, al R. P. Fr. Andres Moreno. Y para que conste lo firmo—Padilla--Una rúbrica.

Num. 6— En 22 de Agosto de 1808, se despachó el título de cura doctrinero de la iglesia de la Purísima Concepcion de la ciudad de Jeveros, al R. P. Fr. Eusebio Arias. Y para que conste lo firmo—Padilla—Una rúbrica.

Num. 20— En 10 de Noviembre de 1808, se despachó el título de cura doctrinero de los pueblos de Borja y Santiago de las Montañas, al R. P. Fr. Juan Monserrat. Y para que conste lo firmo--Padilla—Una rúbrica.

Num. 21— En 12 de Marzo de 1810, se despachó el título de cura interino de la parróquia de Santa Rosa, en el rio Napo, al presbítero D. Manuel Asencio Yepes. Y para que conste lo firmo--Jeveros, fecha ut supra—Padilla—Una rúbrica.

Num. 22— En 31 de Julio de 1809, se despachó el título de cura doctrinero de Canelos, al P. Fr. Antonio José Prieto, misionero de Ocopa. Jeberos, fecha ut supra--Padilla--Una rúbrica.

Num. 23— En 14 de Abril de 1809, se despachó el título de cura doctrinero del pueblo de Yurimguas, al P. Fr. Eusebio Arias, misionero de Ocopa. Jeberos, fecha ut supra—Padilla—Una rúbrica.

Num. 28— En 6 de Mayo de 1811, se despachó el título de cura interino de la parróquia de Avila, en la provincia de Quijos, al presbítero D. Juan Francisco Maruri. Moyobamba, fecha ut supra—Padilla—Una rúbrica.

Num. 30— En 18 de Enero de 1814, se despachó el título de cura interino de los pueblos de Pebas, Cuchiquinas y Loreto, al presbítero D. Francisco Renjifo. Moyobamba, fecha ut supra—Padilla—Una rúbrica.

Num. 31— En 17 de Noviembre de 1813, se despachó el título de cura y vicario interino de la parróquia de Avila, en la provincia de Quijos, al R. P. Fr. Eusebio Casaverde, hijo de la provincia de San Francisco de Lima. Moyobamba, fecha ut supra.— Una rúbrica—Padilla.

Num. 34— En 8 de Mayo de 1814, se despachó el título de cura interino de Santiago de las Montañas, al P. Fr. José Vargas, religioso Francisco, de la provincia de Quito. Moyobamba, Mayo ut supra—Padilla—Una rúbrica.

Num. 36— En 22 de Marzo, se despachó el título de cura interino de Archidona y Napo, al P. Fr. Mariano Bustamante, del orden de San Francisco—Padilla—Una rúbrica.

Num. 37— En 1º de Enero de 1817, se despachó el título de cura interino de Borja, Barranca y Santiago de las Montañas, á Fr. Pablo Mariño, del órden de San Francisco—Padilla—Una rúbrica.

Num. 38— En dicho dia se despachó el título de cura interino de Iquitos y Nanay, al P. Fr. Mariano Montenegro, del órden de San Francisco—Padilla—Una rúbrica.

Num. 39— En el mismo dia, mes y año, se despachó el título de cura interino de Omaguas y San Regis, al P. Fr. José Suarez del órden de San Francisco— José María Padilla—Una rúbrica.

Num. 40— En 1º de Enero de 1817, se despachó el título de cura interino de Pebas, Oran, Cochiquinas y la frontera de Loreto, al P. Fr. Javier Olais del órden de San Francisco—Padilla—Una rúbrica.

Son cópias fieles que certifico, cumpliendo con órden superior. Chachapoyas, Agosto 24 de 1860.

MANUEL OBANDO.
Notario Mayor y de Gobierno.

CPSIA information can be obtained
at www.ICGtesting.com
Printed in the USA
BVHW041102010219
539257BV00007B/144/P

9 780483 805439